JN411980

AI 시대의 삶과 신앙

AI의 도전, 교회는 어디로 가야 하는가?

AI 시대의 삶과 신앙

AI의 도전, 교회는 어디로 가야 하는가?

교회 인가 | 2026년 1월 29일
1판 1쇄 | 2026년 3월 1일

글쓴이 | 김도현
펴낸이 | 김사비나
펴낸곳 | 생활성서사
편집인 | 윤혜원
편집 자문 | 허찬욱 **디자인 자문** | 이창우, 최종태, 황순선
편집장 | 박효주 **편집** | 안광혁, 김병수, 이광형
디자인 | 강지원 **제작** | 유재숙 **마케팅** | 노경신 **온라인 홍보** | 박수연
등 록 | 제78호(1983. 4. 13.)
주 소 | 서울특별시 강북구 덕릉로42길 57-4
편 집 | 02)945-5984
영 업 | 02)945-5987
팩 스 | 02)945-5988
온라인 | 신한은행 980-03-000121 재) 까리따스수녀회 생활성서사
인터넷 서점 | **www.biblelife.co.kr**
가톨릭 교회의 모든 도서는 '생활성서사' 인터넷 서점에서 만나실 수 있습니다.

ISBN 978-89-8481-712-8 03230
책값은 뒤표지에 있습니다.

강원특별자치도체 · 김정철 고딕체와 명조체를 사용했습니다.

AI의 도전, 교회는 어디로 가야 하는가?

글쓴이 김도현

차례

추천사

과학 기술의 발전은 언제나 우리 인간의 눈을 번쩍 뜨이게 할 만큼 놀라운 모습으로 나타났지만, 지금까지는 인간의 편의를 위한 잘 벼려진 도구의 기능과 역할을 수행해 왔습니다. 그만큼 인류의 삶은 풍족해졌고, 풍족해진 삶을 바탕으로 인류는 더 나은 삶에 대한 고민을 이어 갈 수 있었습니다. 하지만 AI의 등장은 지금까지의 과학 기술의 발전과는 조금은 그 궤가 달라 보입니다.

AI는 우리나라 말로 '인공 지능'이라고 합니다. 이 AI 역시, 다른 과학 기술들과 마찬가지로 인류의 삶을 더욱 윤택하게 하기 위한 목적으로 연구와 개발이 진행되었을 테지요. AI의 등장 이후, 우리 사회가 기술적으로 더욱 발전해

온 것은 사실입니다. 연구나 학습에 필요한 방대한 데이터를 손쉽게 추릴 수 있게 되었고, 번역이나 원고의 정리에도 요즘은 AI의 도움을 받는 경우가 많다고 합니다. 이 기술을 잘 활용하는 전문가 분들이라면, 더 다양한 방법으로 AI를 활용해 기술 발전의 혜택을 받고 계실 것입니다.

그러나 모든 기술의 발전에는 저마다의 명암이 존재합니다. 앞서 서술한 내용이 기술 발전의 명明이라면, 암暗은 발전된 기술의 혜택이 모든 인류에게 공평하게 돌아가지 못하는 경우가 될 수 있고, 그보다 더 나쁜 것은 발전된 기술이 누군가의 몸과 영혼을 다치게 하는 경우가 될 것입니다. 그래서 AI를 활용하는 이들이 누구냐에 따라 사실로 포장한 거짓과, 선의를 가장한 악의들이 이미 범람하고 있습니다. 과학 기술의 사용자인 우리에게는 지금껏 경험해 본 적 없는 전혀 새로운 위협이 눈앞에 나타난 것입니다.

세상이 이런데, 교회가 그저 조용히 관망만 할 수 있을까요? AI의 혜택과 풍파를 모두 겪을 신자분들에게 교회는 어떠한 기준과 가르침으로 버팀목이 되어 줄 수 있을까요? 그 진지한 논의의 시작을 촉구하는 책이 바로 김도현 신부님의 이 책입니다. 이미 신부님은 과학과 신앙에 대한 앞선 저서들에서 하느님의 모상으로 창조된 우리 인간이 과학만능주의의 모순을 깨닫고, 과학과 신앙이라는 양 날개로 하느님의 초대로 나아갈 수 있는 토대를 쌓아 주셨습니다. 그리고 이번에는 『AI 시대의 삶과 신앙』으로 AI의 시대에 교회가 나아가야 할 방향성에 대해 화두를 열어 주셨습니다.

레오 14세 교황님께서도 2026년 1월 24일에 발표하신 '제60차 홍보 주일 담화문'에서 이렇게 말씀하셨습니다. "우리 앞에 놓인 과제는 디지털 혁신을 멈추는 것이 아니라, 오히려 그것을 올바르게 이끌고 그 양면적 성격을 인식하는 데 있습니다. 인간의 인격을 지키기 위해 목소리를 높여서, 이러한 도구들을 동반자로서 진정으로 받아들일 수 있도록 하는 것은 우리 각자에게 달려 있습니다."

AI는 인류가 거스를 수 없는 시대의 흐름 같은 것일는지도 모르겠습니다. 그렇다면, 그 흐름을 타고 현명하게 대처해 더 나은 삶의 방향으로 항해하는 것이 바로 인간의 과제일 것입니다. 하느님의 모상으로 창조된 우리들, 진리를 찾고자, 신앙생활로 하느님을 더 깊이 알고 사랑하고자 하는 우리들은 그 과제를 성실하고 현명하게 수행하기 위해 노력해야 합니다. 김도현 신부님의 이 책이 우리 각자의 노력뿐만 아니라 교회가 앞으로 시작해야 할 중차대한 고민의 마중물이 되어 줄 것이라 믿어 의심치 않습니다.

2026년 3월

천주교 대구대교구장 조환길 타대오 대주교

+. 조 환길 타대오

들어가는 말

우리가 살고 있는 이 시대는 한마디로 'AI 시대'라고 부를 수 있습니다. 우리가 알게 모르게 지속적으로 발전해 오던 AI가 드디어 2022년 11월 역사적인 ChatGPT챗지피티[1]의 등장으로 인해 이제 우리 시대의 가장 중요한 화두로 떠오르게 되었기 때문입니다. 우리나라의 수많은 종합 대학들은 현재 AI 관련 학과를 만들어서 학생들을 모집 중에 있고, 최근에 생산되어 시중에 판매되고 있는 가전제품들마다 AI 기능이 탑재된 것처럼 광고를 하고 있습니다. 게다가 전 세계의 언론들은 AI 시대에서 살아남을 직업이 무엇이고 사라지게 될 직업이 무엇인지에 관한 분석 기사를 수시로 내보내고 있습니다. 그러다 보니 AI와 무관해 보이던 업종의 기업들조차도 AI로 인해 생겨날 변화에 대해 촉각을

그림 1. 2024년 노벨상 수상자들의 기자 회견.

곤두세우고 있는 분위기입니다.

그러던 와중에 2024년 10월에 있었던 노벨상 수상자 발표는 과학자 집단 전체에게 큰 충격을 주었습니다. 그해의 노벨 물리학상 수상자들과 화학상 수상자들이 모두 AI와 직접적인 관련이 있는 전문가들이기 때문이었습니다. 바로 이러한 수상자 결정은 우리 인간 세상에서 가장 권위 있는 상으로 여겨지고 있는 노벨상의 운영을 맡고 있는 노벨 위원회Nobel Committee가 2024년을 'AI 시대'로 공식적으로 선포한 것이나 마찬가지인 것이었습니다. 이러한 일련의 흐름은 이제 바야흐로 인간의 삶이 AI의 직접적인 영향하에 있는 AI 시대가 본격적으로 도래한 증거로 여길 수 있는 것입니다.

그래서 이러한 AI 시대의 도래로 인해 우리의 삶이 앞으로 어떤 식으로 변화될 것인지에 대해 많은 이들이 언론과 유튜브YouTube 등을 통해 자신들의 견해를 밝히고 있습니다. 그리고 지금 이 글을 읽고 계신 독자 여러분도 여러분의 삶이 2024-2025년을 기점으로 ChatGPT나 다른 AI에 대한 의존도가 높아지고 있다는 점을 인정하실 것입니다.

그런데 이러한 AI 시대의 도래는 그동안 AI와 별로 관계가 없어 보이는 종교 · 신앙생활에도 직간접적인 영향을 끼치게 될 것으로 보입니다. 외국에서 실제로 있었던 몇 가지 예를 살펴보겠습니다.

그림 2는 일본 소프트뱅크SoftBank의 유명한 휴머노이드 로봇인 '페퍼Pepper'의 사진입니다. 페퍼는 감정을 인식하는 것을 주 특징으로 하는 휴머노이드 로봇으로서 프랑스의

그림 2. 소프트뱅크사의 AI 로봇 페퍼는 일본식 장례를 주관해 화제가 되었다.

알데바란 로보틱스Aldebaran Robotics와 소프트뱅크 모바일을 통해 개발된 후 2014년 6월 5일 세상에 공개되었습니다. 그런데 페퍼가 2017년에 일본 도쿄에서 있었던 산업 박람회에서 (일본의 장례식에서 경을 읽고 북을 두드리는) 불교 승려의 역할을 하는 모습이 공개되었습니다.[2]

2017년 독일 비텐베르크에서는 로봇 목사 '블레스유투BlessU-2'가 등장했습니다. 사람이 로봇의 가슴에 있는 터치스크린을 눌러서 언어와 목소리 성별, 축복의 종류를 선택하면, 블레스유투는 손을 치켜든 후 손에서 빛을 쏘며 성경 구절을 암송한 뒤 축복의 메시지를 전해 주는 방식으로 작동했습니다.[3]

그림 3은 일본의 오사카 대학교에서 개발된 인간 모습을 한 로봇 승려 '민다르Mindar'의 사진입니다. 알루미늄으로 만들어진 이 로봇 승려는 2019년 일본 교토의 400년 사찰 고다이지高台寺에서 일반 대중을 상대로 쉬운 말로 설법을 전하는 활동을 하였습니다.[4]

그림 3. 일본 교토의 고다이지에서 설법을 전하는 활동을 한 로봇 승려 민다르.

최초의 가톨릭 로봇인 '산토SanTO'는 2017년부터 개발을 시작해 2019년도에 공개되었습니다. 사람이 이 로봇에게 신앙적인 질문을 하면, 이 로봇은 그 질문을 알아듣고 성경 구절을 인용하면서 그 질문에 맞는 신앙적인 답변을 해 주었습니다. 그뿐만 아니라 묵주 기도를 사람들과 함께 바칠 수도 있었습니다.[5]

이 네 가지 사례는 AI가 탑재된 로봇들이 종교에 어떤 식으로 활용될 수 있는지를 보여 주는 좋은 예로 볼 수 있습니다. 이 로봇들은 2020년 이전에 개발된 것들이어서 현재와 같은 높은 수준의 AI가 탑재되지 않은 것들임에도 불구하고 종교 활동에 직접적으로 활용될 수 있다는 점을 분명하게 보여 주었습니다. 바로 이러한 예들은 이제 우리에게 다음과 같은 심각한 질문을 던져 줍니다.

"AI가 더욱 발전하게 되면 가톨릭 교회를 비롯한 주요 종교의 거의 모든 활동에 이러한 AI 기반 로봇들이 활용될 수 있는 것이 아닌가? 그렇다면 이제 우리 인간에게 있어서 종교 · 신앙은 과연 어떤 의미가 있는 것일까? 앞으로도 현재와 같은 종교 · 신앙이 여전히 유효하게 남게 될 것인가? 아니면 몇 년 내에 새롭게 재편되거나 사라지게 되는 것은 아닐까?"

이렇듯이 AI 시대의 도래는 우리의 삶과 심지어는 신앙에까지도 직접적인 영향을 미칠 것으로 충분히 예상해 볼 수 있습니다. 그렇다면 우리의 삶과 신앙은 과연 어느 정도나 심각한 영향을 받게 될까요? 그리고 우리는 이러한 상황에서 과연 어떻게 살고 어떻게 믿어야 하는 것일까요?

바로 이 심각한 질문에 대한 견해를 이 책을 통해 밝혀 보고자 합니다. 특히나 저는 AI와 많은 연관이 있는 분야를 연구해 온 이론 물리학자면서 동시에 가톨릭 사제로 살아가고 있는 만큼, 이 질문에 대해 어떤 식으로든 응답을 해야 할 의무와 필요를 느끼고 있습니다.

지난 2022년에 저는 「AI 시대의 도래와 교회의 미래: AI의 현실에 관한 분석과 교회에 끼칠 영향 진단」[6]이라는 논문을 통해 AI 시대의 도래가 가톨릭 교회에 미칠 영향에 대한 견해를 피력한 적이 있습니다. 그 후 해당 논문의 내용을 바탕으로 2023년 「가톨릭신문」에 '김도현 신부의 과학으로 하느님 알기 II'라는 칼럼으로 특집 기고를 한 적도 있습니다. 이 책은 바로 이전의 논문과 기고문의 내용을 기반으로 하되 지난 몇 년 사이에 생겨난 AI에 관한 새로운 내용들을 대폭 첨가해서 세상에 나오게 되었습니다. 즉, 제가 느끼고 있는 그 의무감과 필요성의 결과물이 바로 이 책이라 할 수 있습니다.

이 책에서 저는 AI 시대의 도래가 우리 개개인의 삶과 신

앙, 더 나아가서는 가톨릭 교회 전체에 어떠한 영향을 끼칠 것인지, 교회는 이러한 상황에서 과연 어떻게 대응해야 할지에 대한 견해를 밝히고자 합니다. 하지만 그에 앞서 AI가 과연 무엇이고, AI가 어떤 식으로 발전해 왔는지에 대한 간략한 설명을 위해 AI의 탄생과 발전의 역사에 대한 개략적인 설명 역시도 이 책의 중요한 내용으로 포함했습니다. 따라서 이 책은 'AI에 관한 쉬운 개설서'의 역할도 할 수 있습니다.

또한 이 책에는 AI에 관해 가톨릭 사제로서의 저의 개인적인 관점들이 곳곳에 녹아 있으며, 가톨릭 교회의 위대한 학자인 성 아우구스티누스(Augustinus, 354-430년)와 성 토마스 아퀴나스(Thomas Aquinas, 1225-1274년)의 철학적 · 신학적 견해를 적절히 포함시켰습니다.

그러다 보니 이 책은 최근 들어 엄청나게 출판되고 있는 여타의 AI 관련 서적들과는 구성과 내용에 많은 차이가 있을 것입니다. 이러한 차이는 이 책만의 중요한 특징을 부여하는 역할도 하겠지만, 동시에 AI에 관해 다른 견해를 가진 많은 이들, 특히 무신론적 성향을 가진 비종교인들로부터

그림 4. AI 시대에도 종교 · 신앙은 여전히 유효할까?

"결국 가톨릭 교회의 입장을 변호하려는 시도에 불과하다." 라는 비난의 여지 역시 줄 수 있을 것입니다. 하지만 나날이 급변하는 이 시대에, 가톨릭 신앙의 관점에서 AI 시대의 도래를 바라보며 현재 일어나고 있는 여러 현상들을 비판적으로 바라볼 수 있도록 도움을 주려는 시도는 분명히 필요하고 의미가 있다고 생각합니다.

우리 모두 체감하고 있듯이 AI 분야는 너무나 빠른 속도로 발전하고 있습니다. 그래서 이 책이 출판되는 이 시점에

AI에 관한 구체적인 내용들과 제가 보기에 옳다고 생각하는 내용들이 몇 년 후에는 부실하거나 심지어 틀린 것으로 평가를 받을 가능성도 배제할 수 없습니다. 그래서 이 책은 저의 이전 저서들과는 달리 자주 수정, 보완이 이루어져야 할지도 모릅니다. 하지만 이 책의 후반부에서 제가 강조할 부분, 즉 AI 시대에 가톨릭 교회가 받게 될 신앙적 도전 및 앞으로 교회가 어떠한 대응을 해 나가야 하는가에 관한 부분만큼은 수정되지 않으리라고 저는 생각합니다.

이 책의 집필 과정에서 주위의 많은 분들의 도움을 받았습니다. 우선 과분한 추천사를 통해 이 책의 추천을 기꺼이 허락해 주신 대구대교구장 조환길 타대오 대주교님과 격려를 아끼지 않으신 장신호 요한 보스코 총대리 주교님께 깊은 감사를 드립니다. 또한 2016년 초부터 현재까지 지속적으로 만남을 이어 오면서 '신학과 과학 간의 만남과 대화'에 대해 지적인 자극을 주신 '종과연(종교와 과학 연구 모임)'의 백운철 스테파노 신부님을 비롯한 모든 회원 여러분들께 감사를 드립니다. 아울러 저의 모든 지적 작업에 큰 관심과 성원을 보내 주신 대구 가톨릭대학교의 모든 동료 신부님들과 교수님들 및 기도와 격려로 항상 함께해 주시는 모든 신부님들과 수녀님들, 형제자매님들께도 이 자리를 빌려 깊은 감사를 드립니다. 『과학과 신앙 사이』와 『과학 시대에도 신앙은 필요한가』에 이어 이 책의 출판을 위해서도 큰 수고를 하신 생활성서사의 모든 분들께도 감사를 드립니다. 마지막으로 저의 부모님께 이 책을 바칩니다.

이 책이 "저의 주님, 저의 하느님!"(요한 20,28)께 찬미와 감사와 영광을 합당하게 드리게 되길 바랍니다.

2026년 3월

대구 가톨릭대학교 효성 캠퍼스 사제관에서

김도현 바오로

1장

이 책이 다룰 내용들

전 세계에서 AI에 관한 연구가 대유행 중입니다. 언론에서는 날마다 AI 시대의 도래에 대한 기대와 우려, 특히 AI로 인해 사라지게 될 다양한 직업군의 문제에 대해 대서특필하고 있습니다. 특히 2022년 11월 'ChatGPT'의 역사적 등장으로 인해 우리가 살고 있는 현시대는 한마디로 'AI 시대'라고 부를 수 있게 되었습니다. 그 정도로 AI는 우리 사회에 엄청난 화두가 되어 가는 중입니다.

AI 시대의 도래가 우리 사회와 교회에 끼칠 영향에 대한 우려 섞인 진단들이 서서히 등장하고는 있지만, AI가 정확히 무엇인지, 어떠한 방식으로 작동하는지에 대한 정확한 이해 없이 막연하게 AI 시대의 도래에 따른 철학적 문제,

사회 변화, 교회 변화를 언급하는 것은 상당히 피상적이고 부정확하면서 필요 이상의 두려움만 야기할 뿐입니다.

Artificial Intelligence의 약자인 'AI'는 동아시아권에서는 '인공 지능人工知能'으로 표기하기도 합니다. 특히 인간보다 월등히 뛰어난 능력을 갖춘 AI가 출현할 수도 있다는 가능성은 많은 이들이 'Strong AI', '강인공 지능'의 출현을 걱정하게 만드는 요인이 되고 있습니다. 흔히 특정 분야를 넘어 여러 다양한 분야에서 '하나의 인간으로 보아도 무방하거나 인간을 뛰어넘는 수준'의 이성적 능력을 보유한 AI로 정의하는 Strong AI는 디스토피아를 배경으로 한 SF 영화나 소설 등에서 일반인들에게 두려움을 자아내는 바로 그것입니다. 요즘은 Strong AI를 AGI(artificial general intelligence, 범용 인공 지능)라고 더 많이 부르는 추세입니다. 그리고 이러한 Strong AI가 결국에는 모든 분야에서 인간을 훨씬 능가하게 되어서 최종적으로는 '인간을 완전히 지배'하는 능력을 지닌 소위 '초지능super intelligence' 또는 '초인공지능artificial super intelligence'으로 발전하게 될 것이라고 우려하는 이들도 있습니다.

그림 5. 초지능을 표현한 상상도(AI 이미지).

한편 이와는 반대로 '특정 영역'에서만 탁월한 이성적 능력을 발휘하는 기존의 AI를 흔히 '약인공 지능', 'Weak AI'라고 부릅니다. Weak AI는 특정한 문제를 해결하는 도구로서 현실적이고 실용적인 목표를 가지고 개발되고 있는 AI라고 할 수 있습니다. 곧 현재 우리가 활용하고 있는 모든 AI는 Weak AI인 것이죠. 최근에는 Weak AI와 Strong AI라는 표현을 잘 안 쓰는 추세이긴 하지만, 이 책에서는 앞으로의 논의를 명확히 하기 위해서 이 두 용어를 그대로 활용하도록 하겠습니다.

이 책에서는 다음의 세 가지 내용을 다룹니다.

첫째, AI의 정의와 장점을 간결하면서도 학문적으로 정확히 설명할 것입니다. 이를 위해 아우구스티누스와 토마스 아퀴나스의 철학적, 신학적 견해를 적극 활용할 것입니다.

둘째, 인간과 비교했을 때, AI가 가진 한계들을 살펴볼 것입니다. 다만 AI의 인식론이나 AI 윤리학 등 AI의 발전이 불러온 여러 철학적 논쟁은 이미 국내에서도 여러 논문과 저서로 다루고 있기에[7], 이 책에서는 자세히 다루지 않을 것입니다. 하지만 인간과 비교했을 때 AI의 확실한 한계들을 밝히는 방식으로, 'Strong AI'의 출현에 관한 막연한 두려움과 우려를 불식시키기 위한 시도를 할 것입니다. 이를 통해 가톨릭 교회 역시 기존 Weak AI의 적극적인 활용을 두려워할 필요가 없다는 점을 보여 줄 것입니다. 하지만 Weak AI를 악용한 '딥페이크deepfake' 등의 여러 심각한 문제들에 대해서도 다룰 것입니다.

셋째, 비록 가능성은 희박하지만 Strong AI가 출현한다면 가톨릭 교회가 받을 신앙적 도전, 즉 Strong AI 출현의 신앙적 함의에 대해 살펴볼 것입니다. 아울러 이미 도래한 AI 시대에 발생하는 여러 현실적인 문제들에 대한 교회의 올바른 대응 방안도 함께 제시하고자 합니다.

이러한 시도가 AI 시대의 도래를 목도하고 있는 한국의 신앙인들과 교회 차원의 적절한 대응에 도움이 되기를 바랍니다.

'AI란 무엇인가?'라는 질문으로 시작하겠습니다. AI(artificial intelligence)는 인간의 '학습 능력'과 이로부터 파생된 추론, 지각, 판단 등의 여러 '이성적 능력intelligence'[8]을 인공적으로artificially 구현한 컴퓨터 소프트웨어 프로그램, 또는 이 소프트웨어 프로그램과 하드웨어를 결합한 컴퓨터 시스템 전체를 의미합니다. AI는 그와 같은 인공적 구현을 위한 방법론 또는 그것의 실현 가능성을 연구하는 과학 분야를 지칭하기도 합니다.

하지만 AI에 관한 최근의 언론 기사나, AI의 인문학적, 철학적 문제들을 연구하는 학자들 중에서도 로봇, 기계, 사이보그 혹은 다른 컴퓨터 알고리즘 등을 AI와 엄격한 구분 없이 혼용하거나, AI에 대한 정확한 정의 없이 소위 '마케팅' 차원에서 논의를 전개하는 모습을 자주 볼 수 있습니다. 그러다 보니 AI와 컴퓨터 공학, 기계 공학, 전자 공학의 다른 연구 분야를 구분하지 않은 채 뭉뚱그려서 AI라고 부르는 문제가 전 세계적으로 발생하고 있습니다. 이러한 접근은 AI에 관한 논의를 명확히 전개할 수 없게 하고, 첨단 기술 문명의 다양한 문제들의 원인을 일방적으로 AI에 돌리는 문제를 일으켰습니다.

따라서 이 책에서는 AI의 정의를 '인간의 학습 능력과 이해력을 인공적으로 구현한 소프트웨어 및 그것을 포함한 컴퓨터 시스템'으로 한정할 것이며, 이러한 학습 능력과 이해력을 갖추지 않은 일반적인 로봇, 기계, 컴퓨터 알고리즘 등은 다루지 않을 것입니다.

2장

AI의 탄생

앞서 설명한 바와 같이, AI는 인간의 '학습 능력' 및 이로부터 파생되는 추론 능력, 지각 능력, 판단 능력 등의 여러 '이성적 능력intelligence'을 인공적으로artificially 구현한 컴퓨터 소프트웨어 프로그램 또는 이 소프트웨어 프로그램과 하드웨어를 결합한 컴퓨터 시스템 전체를 의미합니다.

일반적으로 AI는 인간 및 다른 동물들의 두뇌를 구성하는 신경 세포인 뉴런neuron과 한 뉴런에서 다른 뉴런으로 신호를 전달하는 연결 지점인 시냅스synapse를 모사하여 만든 '인공 신경 네트워크(ANN, Artificial Neural Networks)'의 탄생과 함께 시작된 것으로 봅니다.

그림 6. 월터 피츠(왼쪽)와 워런 매컬러(1949년).

미국의 워런 매컬러(Warren S. McCulloch, 1898-1969년)와 월터 피츠(Walter Pitts, 1923-1969년)는 1943년 인간의 두뇌와 유사한 ANN을 최초로 분석하고 그것이 어떻게 논리적으로 기능하는지 보여 주는 논문을 발표했습니다.[9] 이들이 활동했던 1900년대 초에는 자연 과학 연구 분야 중, 두뇌의 구조와 전기 생리학적 현상의 연구가 활발했습니다. 당시 두뇌 연구자들이 '두뇌와 디지털 회로의 작동 구조가 유사하다.'라는 사실을 밝혀내자, 매컬러와 피츠는 이 결과를 수학적으로 간단히 해석하기 위해 다음의 다섯 가지 가설을 제안했습니다.

BULLETIN OF
MATHEMATICAL BIOPHYSICS
VOLUME 5, 1943

A LOGICAL CALCULUS OF THE IDEAS IMMANENT IN NERVOUS ACTIVITY

WARREN S. MCCULLOCH AND WALTER PITTS

FROM THE UNIVERSITY OF ILLINOIS, COLLEGE OF MEDICINE, DEPARTMENT OF PSYCHIATRY AT THE ILLINOIS NEUROPSYCHIATRIC INSTITUTE, AND THE UNIVERSITY OF CHICAGO

Because of the "all-or-none" character of nervous activity, neural events and the relations among them can be treated by means of propositional logic. It is found that the behavior of every net can be described in these terms, with the addition of more complicated logical means for nets containing circles; and that for any logical expression satisfying certain conditions, one can find a net behaving in the fashion it describes. It is shown that many particular choices among possible neurophysiological assumptions are equivalent, in the sense that for every net behaving under one assumption, there exists another net which behaves under the other and gives the same results, although perhaps not in the same time. Various applications of the calculus are discussed.

I. Introduction

Theoretical neurophysiology rests on certain cardinal assumptions. The nervous system is a net of neurons, each having a soma and an axon. Their adjunctions, or synapses, are always between the axon of one neuron and the soma of another. At any instant a neuron has some threshold, which excitation must exceed to initiate an impulse. This, except for the fact and the time of its occurrence, is determined by the neuron, not by the excitation. From the point of excitation the impulse is propagated to all parts of the neuron. The velocity along the axon varies directly with its diameter, from less than one meter per second in thin axons, which are usually short, to more than 150 meters per second in thick axons, which are usually long. The time for axonal conduction is consequently of little importance in determining the time of arrival of impulses at points unequally remote from the same source. Excitation across synapses occurs predominantly from axonal terminations to somata. It is still a moot point whether this depends upon irreciprocity of individual synapses or merely upon prevalent anatomical configurations. To suppose the latter requires no hypothesis *ad hoc* and explains known exceptions, but any assumption as to cause is compatible with the calculus to come. No case is known in which excitation through a single synapse has elicited a nervous impulse in any neuron, whereas any

115

그림 7. 매컬러-피츠의 역사적인 1943년 논문의 첫 페이지(미주 9 참조).

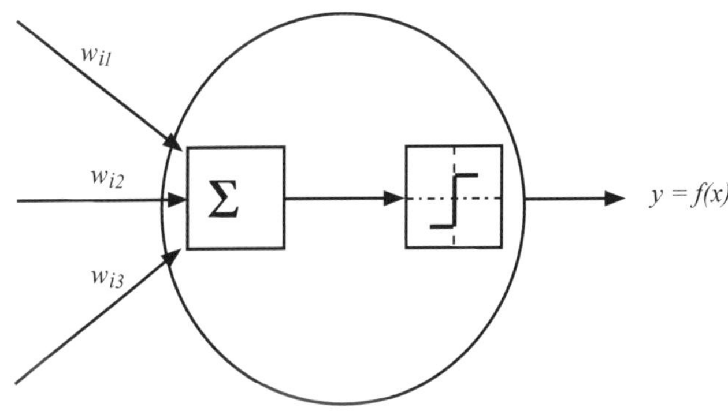

그림 8. 3개의 input과 1개의 output을 가진 메컬러-피츠 모델.

① 뉴런은 'all or none' 프로세스로 활성화된다. 두뇌의 각 뉴런은 흥분 · 활성화되거나(excited/activated), 흥분 · 활성화되지 않은(non-excited/non-activated) 2가지 상태를 지니며, 이는 디지털의 두 상태인 1과 0으로 이해할 수 있다.

② 하나의 뉴런을 흥분 · 활성화하기 위해서는 고정된 수의 시냅스가 일정 시간 내에 흥분 · 활성화되어야 하나, 이 수는 뉴런의 위치나 이전의 흥분 · 활성화와 무관하다.

③ '시냅스에서의 지연synaptic delay'은 신경계 내에서 유일하고 유의미한 '시간 지연delay'이다.

④ 특정한 억제적인inhibitory 시냅스 흥분 · 활성화는 그 시각에 뉴런이 흥분 · 활성화하는 것을 절대적으로 막는다.

⑤ 신경 네트워크의 구조는 시간에 따라 변하지 않는다.

이러한 단순한 가정으로 매컬러와 피츠는 전기 스위치처럼 켜고 끄는(on/off) 기본적인 기능이 있는 인공 신경을 네트워크로 연결해 디지털 회로를 만들면, 그것이 두뇌 안의 신경계에서 작동하는 아주 간단한 기능을 충분히 흉내 낼 수 있다는 것을 이론적으로 증명했습니다.

그들의 연구는 자연스럽게 다음과 같은 결론에 다다릅니다. 인간의 두뇌는 인공 신경들이 연결된 네트워크와 유사하게 작동합니다. 그러다 보니 인간의 두뇌는 논리적인 계산을 수행하는 정보 처리 시스템으로 여길 수 있으며, ANN을 적절히 잘 만들면, 인간의 두뇌가 행하는 여러 기능들, 즉 학습, 계산, 추론 등과 같은 기능들을 충분히 유사하게 수행할 수 있을 것입니다. 따라서 ANN으로 구성된 디지털 회로를 만들어서 인간의 두뇌와 유사한 기능을 수행하는 인공적인 구조를 만드는 것은 충분히 가능하다는 것입니다. 매컬러와 피츠의 연구에서 파생된 주장, 즉 '디지털 회로로 인공두뇌를 만들 수 있다.'라는 주장은 이후 AI 탄생의 중요한 이론적 토대가 되었습니다.

1940년대에 이론적으로만 진행되었던 ANN 연구는 1951년에 큰 변화를 맞이합니다. 미국 프린스턴 대학교의 수학 박사 과정 학생이던 마빈 민스키(Marvin Lee Minsky, 1927-2016년)가 ANN에 기반을 둔 역사상 최초의 컴퓨터 하드웨어인 SNARC(Stochastic Neural Analog Reinforcement Calculator)의 개발에 성공한 것입니다. 그랜드 피아노 크기의 SNARC는 각각 6개의 진공관으로 구성된 40개의 인공 뉴런들이 무작위로 연결된 네트워크로 구성되었습니다. SNARC는 역사상 최초의 '학습하는 기계'라는 점에서 대단히 큰 의미를 지닙니다.[10]

이후, 민스키를 중심으로 AI가 새로운 연구 분야로 탄생했습니다. 1956년 여름 미국의 다트머스 대학Dartmouth College에서 '다트머스 학회Dartmouth Conference'가 열렸습니다. 민스키와 당시 다트머스 대학의 수학과 교수였던 존 매카시(John McCarthy, 1927-2011년), 벨 연구소의 저명한 수학자 클로드 섀넌(Claude Elwood Shannon, 1916-2001년) 등 열 명이 참여한 이 역사적인 학회에서 처음으로 'artificial intelligence'라는 용어가 창안되었습니다. 이 학회의 제안

아서 새뮤얼 올리버 셀프리지 네이선 로체스터 트렌처드 모어

그림 9. 다트머스 학회에 참석했던 열 명의 AI 분야 창시자들.

그림 출처: https://indiaai.gov.in

서에는 다음의 문구가 포함되어 있습니다.

> 우리는 1956년 여름 동안 뉴햄프셔주 하노버의 다트머스 대학에서 두 달 동안 열 명의 인원으로 "artificial intelligence"에 관한 연구를 수행할 것을 제안한다. 이 연구는 **학습**learning**의 모든 측면이나 이성적 능력**intelligence**의 다른 어떤 특징도 원리적으로 아주 정확하게 기술되어서 그것을 모사**(simulate, 흉내)**할 수 있는 기계**machine**를 만들 수 있다**는 추정에 근거하여 진행한다. 기계가 언어를 사용하게 하는 방법, 기계가 추상화와 개념, 현재 인간에게 남겨진 여러 문제들을 구성하는 방법, 그리고 기계가 그 스스로를 개선하는 방법을 찾기 위한 시도가 이뤄질 것이다. 엄선된 과학자 집단이 여름 동안 함께 연구한다면, 이러한 문제들 중 하나 또는 그 이상에서 상당한 진전이 있을 것이라고 우리는 생각한다.[11]

AI라는 용어와 개념을 만든 열 명의 창시자들이 생각한 AI는 바로 인간이 지닌 '학습'과 '이성적 능력'이라는 두 가지 특징을 특별히 염두에 두었으며, AI 연구의 주된 목적이 이 두 가지 특징을 모사하는 기계(machine, 소프트웨어와 하드웨어의 결합물)를 만드는 것임을 알 수 있습니다.

열 명으로 시작한 다트머스 학회는 현재 'AAAI(Association for the Advancement of Artificial Intelligence)'[12]라는 학회로 크게 성장했으며, AI 분야도 수십 년의 연구를 거치며 오늘날에 이르렀습니다. 하지만 AI 분야가 이러한 비약적인 발전에 이르게 된 시기는 1982년 이후였습니다. 그 이전까지는 AI 분야에 반드시 필요한 컴퓨터 하드웨어와 소프트웨어 및 알고리즘의 발전이 AI 연구에 적합한 수준에 미치지 못했기 때문에 AI 연구 역시 발전 속도가 더딜 수밖에 없었습니다.

© Jay Dixit at Wikipedia

그림 10. 2024년도 노벨 물리학상 수상자 존 홉필드.

1982년, 미국 캘리포니아 공과 대학Caltech의 이론 물리학자인 존 홉필드(John J. Hopfield, 1933년–현재)는 '홉필드 모델Hopfield model'로 불리는 연상 기억 검색associative memory retrieval이 가능한 ANN 모델을 제시해 오늘날 AI의 발전에 결정적인 공헌을 했습니다.[13] 홉필드의 중요한 통찰은 통계 물리학의 개념을 적용해 기억 검색을 에너지 최소화 과정energy minimization process으로 이해한 것이었습니다.

홉필드의 연구 이후 현재까지 수많은 학자들이 제시한 ANN 모델들은 대다수가 그의 모델에 기반을 둔 것들입니다. 필자인 저 역시도 홉필드 모델 기반의 ANN 모델을 통계 물리학적 방식으로 연구하는 사람입니다.[14] 홉필드 모델 기반 ANN 모델들은 이제 인간의 기억력을 단순 모사하는 것을 넘어, 왜곡이나 삭제가 없는 기억 방식을 개발하는 방향으로 지속적으로 발전해 왔습니다.[15]

홉필드의 혁명적인 연구 이후, 1985년 미국 카네기-멜론 대학교Carnegie-Mellon University의 제프리 힌턴(Geoffrey Hinton, 1947년-현재)과 동료들은 홉필드의 아이디어를 확장해 확률론적stochastic ANN 모델인 '볼츠만 머신Boltzmann Machine'을 개발했습니다.[16] 그 후 힌턴은 1986년 다른 동료들과 함께 다양한 뉴런 층들 간의 연결을 고려해서 ANN을 학습시키기 위한 새로운 알고리즘인 '역전파 알고리즘back-propagation algorithm'을 제안함으로써 AI 학계에 큰 충격을 안겼습니다.[17] 바로 이 볼츠만 머신과 역전파 알고리즘은 2000년대 들어서면서 혁명적인 기계 학습machine learning 방식으로 널리 알려지는 '심층 학습deep learning' 알고리즘으로 이어집니다. 힌턴은 심층 학습의 개발에도 크게 기여하면서 '심층 학습의 대부Godfather of deep learning', 'AI의 대부Godfather of AI'라 불리게 되었습니다.

© Arthur Petron at Wikipedia

그림 11. 2024년도 노벨 물리학상 수상자 제프리 힌턴.

존 홉필드와 제프리 힌턴은 '인공 신경 네트워크를 이용한 기계 학습을 가능케 한 기초적인 발견과 발명의 공로'를 인정받아 2024년도 노벨 물리학상을 수상했습니다. 그들의 연구 결과는 현재와 같은 AI 시대의 도래에 결정적인 공헌을 했다는 평가를 받고 있습니다.

Enhanced storage capacity with errors in scale-free Hopfield neural networks

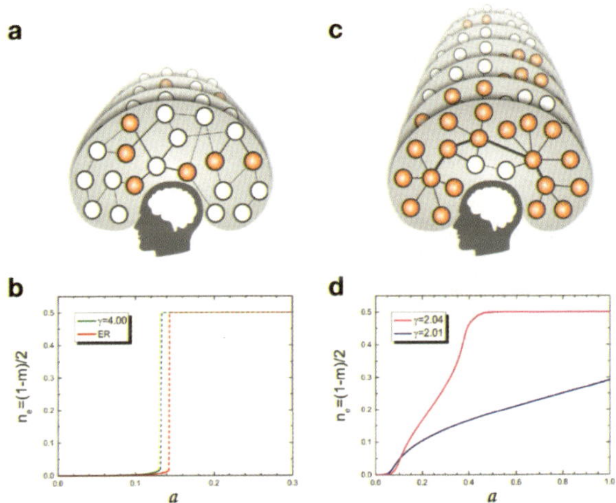

Fig 2. Conceptual figures of the storage capacities and the error rates. a for an ER random network and **c** for a SF network. **b** and **d** Plot of the error rate $n_e \equiv (1 - m)/2$ vs storage rate a for several γ values of the Chung-Lu model at $T = 0$. Here, numerical values are obtained using $N = 1000$ and $K = 5.0$. The dotted lines for $\gamma \gg 2.0$ indicate the sudden jumps from small error rates to the state of $n_e = 0.5$. (**a** and **c**, Figure courtesy of Joonwon Lee.)

https://doi.org/10.1371/journal.pone.0184683.g002

efficacy, takes the Hebbian form,

$$J_{ij} = \frac{1}{K} \sum_{\mu=1}^{p} \xi_i^{\mu} \xi_j^{\mu}. \tag{2}$$

K is the mean degree, i.e., the average number of edges of the network G of size N. ξ_i^{μ} is another quantity assigned to node i, which also has either +1 or −1. A collective quantity $\{\xi_i^{\mu}\}$ represents a memory pattern denoted by μ that is stored in the system. The index μ runs $\mu = 1, \ldots, p$, which means that the number of memory patterns stored is p. Whereas ξ_i^{μ} is fixed throughout the dynamics. Starting from some initial values of $\{S_i(t = 0)\}$, the state of each spin is updated asynchronously as

$$S_i(t + 1) = \mathrm{sgn}\left(\sum_j J_{ij} S_j(t)\right). \tag{3}$$

When $\sum_j J_{ij} S_j(t)$ becomes zero, $S_i(t + 1) = +1$ is assigned definitely.

그림 12. 홉필드 모델보다 인간의 두뇌와 더욱 유사한 구조를 가지도록 만든 ANN을 처음 소개한 필자의 논문(미주 14 참조).

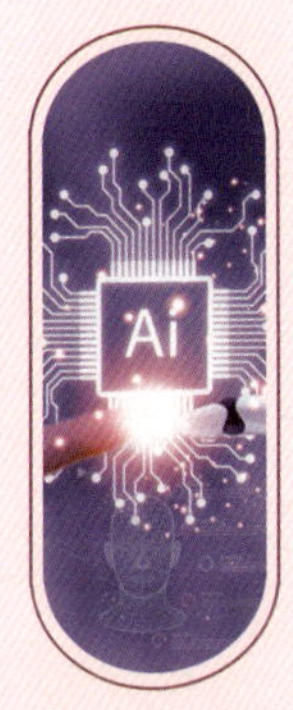

3장

AI의 발전

1. AI가 대중적으로 각인된 사건들

1996년 IBM은 체스에 특화된 AI 컴퓨터인 '딥 블루Deep Blue'를 선보였습니다. 딥 블루는 당시 세계 체스 챔피언 가리 카스파로프에게 승리해 컴퓨터는 인간을 이길 수 없다는 오래된 패러다임을 깨는 결정적 계기를 마련했습니다.[18]

2011년 IBM이 자연어 형식의 질문에 답을 할 수 있도록 개발한 AI 컴퓨터 시스템 '왓슨Watson'이 미국의 유명 퀴즈 쇼인 '제퍼디Jeopardy!'에 참가했습니다. 이는 현재까지도 인간과 컴퓨터가 대결한 유일한 퀴즈 대결로 받아들여지고 있습니다. 2011년 2월 14일부터 16일까지 진행된 세 번의

그림 13. 여러 명과 동시에 체스 대결을 하는 가리 카스파로프(1985년).

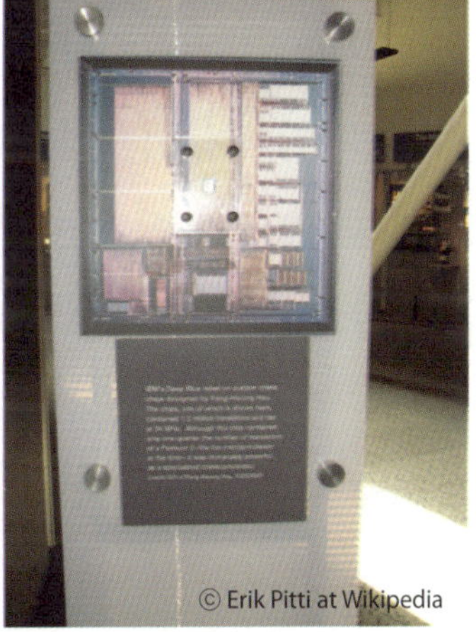

그림 14. IBM의 AI 컴퓨터 딥 블루(왼쪽)와 딥 블루의 프로세서 중 하나.

그림 15. IBM 왓슨의 초기 모델(2011년).

방송에서 왓슨은 '제퍼디!'의 74회 연속 승리 기록을 보유했던 켄 제닝스, 금액 기준 사상 최고액 우승자 브래드 러터와 대결했습니다. 그 결과 제닝스와 러터가 각각 30만 달러와 20만 달러를 획득하는 동안 왓슨은 100만 달러를 획득해 미국 전역에 엄청난 반향을 불러일으켰습니다.[19]

구글Google의 자회사인 '딥마인드DeepMind'는 바둑 전용 AI 프로그램 '알파고AlphaGo'(2015년)를 소개한 후, 업그레이드 버전인 '알파고 리AlphaGo Lee'(2016년)가 바둑 기사 이세돌

9단과의 다섯 차례 대국에서 4대 1로 승리하면서 전 세계에 엄청난 충격을 안겼습니다.[20] 알파고의 등장과 대국에서의 대승은 AI에 대해 비상한 관심과 함께 막연한 기대와 두려움도 일으켰습니다. 특히 이세돌 9단과의 대국이 펼쳐졌던 우리나라의 경우 그 충격의 여파가 다른 나라에 비해 훨씬 컸습니다. 몇 해 전부터 국내 주요 대학들이 앞다퉈 AI 관련 학부와 대학원 과정을 개설하는 현상은 바로 이 충격의 직접적인 결과라고 할 수 있습니다.

2017년 알파고의 최종 버전인 '알파고 제로AlphaGo Zero'는 더 이상 인간의 기존 바둑 기보에 의존하지 않고 바둑의 규칙에 따라 스스로 학습하면서 실력을 향상시키기 시작했습니다. 알파고 제로는 기존 알파고 리의 수준을 학습 36시간 만에 추월한 데 이어, 72시간 만에 알파고 리와의 대국에서 100전 100승을 기록했으며, 약 40일 동안 2,900만 번의 자가 대국을 진행해 학습하는 모습을 보여 주었습니다.[21]

2020년 12월 딥마인드는 사전에 규칙이나 데이터를 학습하는 과정 없이도 네 가지 게임(아타리Atari 비디오 게임, 바둑,

그림 16. 퇴역한 알파고의 백앤드 선반(rack).

체스, 일본식 장기인 쇼기Shogi)을 마스터하는 새로운 AI, '뮤제로MuZero'를 공개했습니다. 뮤제로는 사전에 규칙 및 데이터 학습 없이도 자체적 학습 알고리즘을 통해 스스로 학습이 가능한 최초의 사례로 알려져 있습니다.[22]

2021년 7월 딥마인드는 단백질 구조 예측용 AI인 '알파폴드AlphaFold'를 이용해 36만 5천 개 이상의 단백질 3차원 구조를 정확히 예측, 판단하는 데 성공했다고 밝혔습니다.[23] 그 후, 현재까지 2억 개 이상의 단백질 구조를 예측하고 있는 알파폴드는 대단히 복잡한 단백질 구조의 예측, 판단 연구에도 AI가 상당히 유용함을 확실히 보여 주고 있습니다.[24] 알파폴드를 개발한 데미스 허사비스(Demis Hassabis, 1976년–현재)와 존 점퍼(John Jumper, 1985년–현재)는 단백질 구조 예측에 기여한 업적으로 2024년 노벨 화학상 수상자로 선정되었습니다. 허사비스는 딥마인드의 CEO로서, 알파고와 뮤제로를 개발한 장본인이기도 합니다.

© John Sears at Wikipedia

그림 17. 노벨 화학상 주간에 참석한 데미스 허사비스(2024년).

© John Sears at Wikipedia

그림 18. 노벨 화학상 주간의 기자회견에 참석한 존 점퍼(2024년).

2022년 11월, '오픈AIOpen-AI'가 개발한 대화형 인공 지능 챗봇인 'ChatGPT'의 등장은 지금까지도 인류 전체에 'AI 시대의 도래'를 알린 충격적이고 역사적인 사건으로 받아들여지고 있습니다. 또한 AI 산업

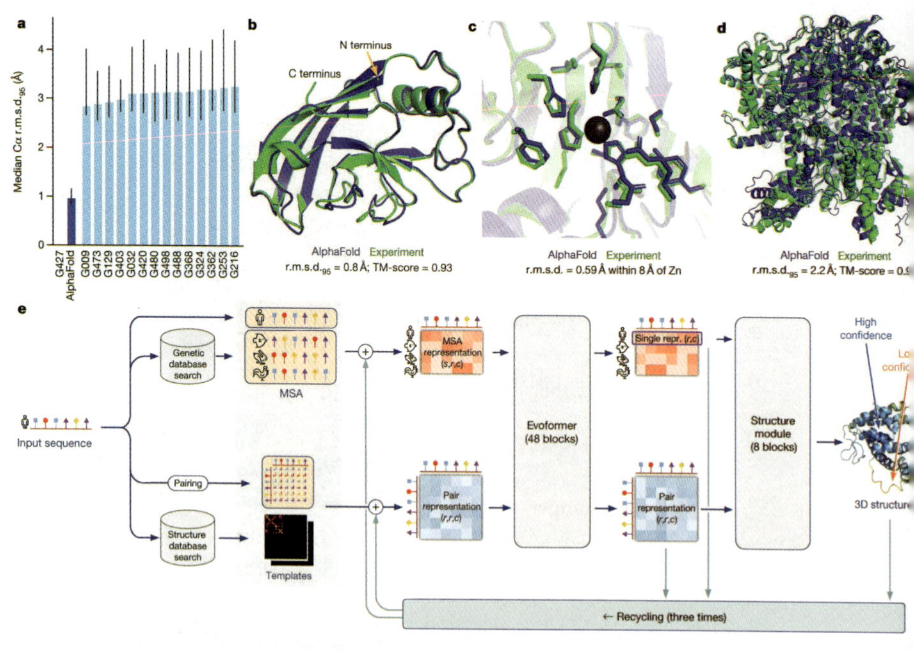

그림 19. 알파폴드가 단백질의 3차원 구조를 예측, 판단해 내는 과정의 구조도(미주 23 참조).

의 흐름이 '생성형Generative AI(Gen AI)' 중심으로 재편되는 데에 결정적인 역할을 했습니다. ChatGPT 외에도 전 세계에서 널리 활용되는 '대규모 언어 모델'(LLM, Large Language Model)에 기반을 둔 생성형 AI로는 엔트로픽Anthropic의 Claude클로드[25], 퍼플렉시티Perplexity의 Perplexity퍼플렉시티[26], 구글의 Gemini제미나이[27], 마이크로소프트Microsoft의 Copilot코파일럿[28], 전기 자동차로 유명한 테슬라Tesla의 Grok 그록[29] 등이 있습니다(2025년 기준).

이렇듯 AI는 오픈AI와 구글을 위시한 여러 민간 기업들에서 인류가 예상할 수 없을 만큼 놀라운 속도로 발전하고 있습니다. 1956년 열 명의 학자들이 '다트머스 학회'에서 정의하고 현실화를 꿈꾸었던 그 AI, 즉 "언어를 사용하게 하는 방법"을 학습하고 활용할 줄 아는 그 기계, "추상화와 개념, 현재 인간에게 남겨진 여러 문제들을 구성하는 방법"을 학습하고 실제로 제시할 줄 아는 그 기계는 현재 우리가 목도하고 있는 바와 같이 일정 부분 개발에 성공해, 현대 사회에서 광범위하게 활용되고 있습니다. 지금 전 세계의 AI 전문가들은 "기계가 그 스스로를 개선하는 방법을 찾기 위한 시도"를 할 수 있기를 꿈꾸며, Strong AI의 개발에 박차를 가하고 있습니다.

2. AI 분야에서 활용되는 중요한 학습 방식들

AI와 기계 학습machine learning, ANN 및 심층 학습deep learning 간의 관계는 '심층 학습⊂ANN⊂기계 학습⊂AI'의 구조로 요약할 수 있습니다. 집합론 기호로 표기된 'A⊂B'

는 'A는 B에 포함된다.'라는 의미입니다. AI 분야에서 널리 활용되는 주요 학습 방식은 대략 다음과 같습니다.

'기계 학습machine learning'은 컴퓨터에 기본적인 규칙만 적용한 상태에서 정보 데이터를 입력해 반복 학습을 하는 방식입니다. 이런 방식으로 컴퓨터는 명시적 프로그래밍 없이도 데이터로부터 학습하는 능력을 얻습니다. '기계 학습'이라는 이름에서도 알 수 있듯, 이 방식은 기계(컴퓨터)를 인간처럼 학습시켜서 스스로 규칙을 형성하거나 기존의 규칙에 맞는 결과들을 얻기 위한 시도에서 비롯되었습니다.[30]

'ANN'은 본래 인간 두뇌의 뉴런 구조를 본뜬 소프트웨어나 하드웨어적 네트워크를 뜻하지만, 현재는 뉴런 구조를 본떠 만든 기계 학습 알고리즘을 일컫는 말로 널리 사용되고 있습니다. 현재 AI 연구자들이 가장 주목하는 기계 학습 알고리즘이기도 합니다.[31]

'심층 학습deep learning'은 이세돌 9단에게 승리한 '알파고 리'의 학습 알고리즘으로 널리 알려져 있습니다. 심층 학습은 입력과 출력 사이에 있는 인공 뉴런들을 여러 층multi-layers으로 쌓아 연결한 ANN으로 기계 학습을 행하는 방식입니다. 이때 인공 뉴런들이 단일 층이 아닌 실제 인간의 두뇌처럼 여러 층으로 구성되어 있다는 점이 중요한 특징입니다. 이는 인간이 그러하듯 추상적인 개념을 학습하기 위함이며, 이 층의 개수가 많을수록 추상적 개념의 학습이 용이해지기 때문입니다.[32]

'지도 학습supervised learning'은 기존의 훈련 데이터training data로부터 학습 방식을 찾아낸 후 그 방식을 다른 데이터에 그대로 적용하는 기계 학습 방식입니다.[33]

'자율 학습 · 비지도 학습unsupervised learning'은 훈련 데이터가 주어지지 않는 상태에서 데이터를 분석하여 연관이 있는 것들을 찾고 패턴을 학습하는 기계 학습 방식입니다.[34]

'강화 학습reinforcement learning'은 현재의 데이터 상태에서 취해진 행동으로 얻는 보상을 통해 이후에 보상을 얻기 위한 최적의 행동을 찾아내는 기계 학습 방식입니다.[35]

4장

AI와 인간의 비교

4장에서는 AI와 인간을 비교해, 유사성과 차이점에 대해 자세히 살펴볼 것입니다. 이 작업을 위해 아우구스티누스와 토마스 아퀴나스의 방식을 활용할 것이며, 그 방식들이 가톨릭 교회 안에서 역사적으로 사용되어 온 개념들 또한 정리해 볼 것입니다.

전통적으로 교회는 인간이 육체(*corpus*, body)와 영혼(*anima*, soul)이 결합된 존재라고 가르칩니다. 영혼은 육체에 생명을 주는 원리이자 육체의 형상을 의미합니다. 인간은 육체에 영혼이 더해져 단일체를 이루면 살아 있는 상태이지만, 그 영혼이 육체에서 분리되는 상태인 죽음을 겪으면 육체는 분해되어 자연으로 돌아가고, 영혼은 천국이나 지옥과 같은 내세의 세계로 들어간 후 부활 때에 육체와 다시 결합된다는 것이 교회의 가르침입니다.

> 하느님의 모습으로 지어진 '인간'은 육체적이며 동시에 영적인 존재이다. "주 하느님께서 흙의 먼지로 사람을 빚으시고, 그 코에 생명의 숨을 불어넣으시니, 사람이 생명체가 되었다."(창세 2,7)는 성경의 이야기는 바로 이러한 사실을 상징적 언어로 설명하는 것이다. 그러므로 하느님께서는 전체적인 인간을 원하신 것이다.
>
> 영혼이라는 말은 성경에서 종종 인간의 생명이나 인격 전체를 의미한다. 그러나 이 말은 또한 인간의 가장 내밀한 것, 가장 가치 있는 것을 가리킨다. 그리고 특히 인간은 그것을 통해서 하느님의 모습을 지니게 된다. '영혼'은 인간의 영적 근원을 가리킨다. …
>
> 육체와 영혼으로 단일체를 이루는 인간은 그 육체적 조건을 통하여 물질세계의 요소들을 자기 자신 안에 모으고 있다. … 영혼과 육체의 단일성은 영혼을 육체의 '형상'으로 생각해야 할 만큼 심오하다. 말하자면 물질로 구성된 육체가 인간 육체로서 살아 있는 존재가

될 수 있는 것은 영혼 때문이다. 인간 안의 정신과 물질은 결합된 두 개의 본성이 아니라, 그 둘의 결합으로 하나의 단일한 본성이 형성되는 것이다.

교회는 각 사람의 영혼이 – 부모들이 '만든' 것이 아니라 – 하느님께서 직접 창조하셨고, 불멸한다고 가르친다. 죽음으로 육체와 분리되어도 영혼은 없어지지 않으며, 부활 때 육체와 다시 결합될 것이다.

『가톨릭 교회 교리서』 362-366항

그래서 영혼은 인간에게 대단히 특별하고도 중요한 존재라 할 수 있습니다. 그런데 이 영혼에서 이성적 기능을 강조할 때 우리는 '정신'(*mens*, mind)이라는 표현을 사용합니다. 정신은 한마디로 이성적 영혼을 의미하며, 가지적 사물과 하느님을 대상으로 하는 인식 능력의 주체입니다.

이제 이 '정신'에 관해 가톨릭 교회가 역사 안에서 이해한 두 가지 방식에 대해 살펴보겠습니다.

1. 아우구스티누스의 방식

첫 번째는 400년경, 서방 교회의 4대 교부 중 한 명인 히포의 아우구스티누스가 정신을 세 가지 능력으로 분류한 방식입니다. 그의 위대한 저서인 『삼위일체론*De Trinitate*』에 의하면, '기억력'(*memoria*, memory), '이해력'(*intelligentia*, intelligence), '의지력'(*voluntas*, will) 이 세 가지가 인간 정신의 삼중 구조에 해당합니다(*De Trinitate*, 10.11.17).[36]

그림 20. 『삼위일체론』.

'기억력'은 과거에 경험했던 사실을 다시 떠올릴 수 있는 능력을 뜻합니다. '의지력'은 어떤 욕구로 무언가를 자발적으로 행하려 할 때 발휘되는 능력입니다. 그리고 '이해력'은 기억력과 의지력을 제외한 인간 정신의 능력으로, 어떠한 사실이나 지식, 정보를 학습, 이해, 추론할 수 있는 총체적

그림 21. 예수 성심을 받는 히포의 성 아우구스티누스.

인 능력을 의미합니다.

아우구스티누스에 의하면 인간 정신의 세 가지 능력은 '존재로는 하나이고 관계로는 셋'입니다. 마치 삼위일체와도 같이 이 세 가지는 서로 구별되는 관계이면서 또한 분리될 수 없는 하나라는 특성을 지니고 있습니다. 그 하나라는 특성은 그것들이 모두 정신이기 때문이며, 셋이라는 것은 각각이 다른 것과의 관계 안에서 기억력, 이해력, 의지력이라 불리기 때문입니다(*De Trinitate*, 10.11.18).[37] 결국 인간의 정신은 자체의 기억력, 이해력, 의지력에 있어 하느님 삼위의 모상인 것입니다(*De Trinitate*, 10.12.19).[38]

따라서 아우구스티누스는 인간 정신을 삼위일체의 모상으로 바라보는 관점을 통해 정신의 능력을 '세 가지'로 구분했음을 알 수 있습니다.

동아시아에서 흔히 '지능知能'으로 번역되며, '이해력'을 의미하는 라틴어 '*intelligentia*'의 영어식 표현인 'intelligence'는 기억력과는 별개의 이성적 능력을 의미합니다. intelligence(*intelligentia*)는 어원적으로 '이해하다'라는 의미의 라틴어 동사 '*intelligere*'에서 파생된 단어이기에, '이해력'으로 옮기는 것이 가장 정확한 번역이라 할 수 있습니다.

하지만 일상생활에서 우리는 '지능 지수intelligence quotient', 곧 IQ 검사에서도 볼 수 있듯이, 기억력도 '지능' 안에 포함시키려는 경향이 있습니다. 그러다 보니 AI(artificial intelligence)를 일상에서 인공 지능으로 번역할 때, 기억력과 이해력 이 두 가지 모두를 염두에 둔 채로, 이 능력들이 탁월한 인공 기계를 AI라 부르는 것으로 볼 수 있습니다. 뒤에서도 다루겠지만, 실제로 AI는 이 두 가지 능력에서 모두 탁월합니다.

하지만 아우구스티누스 이래로 서구에서는 기억력과 이해력을 엄격히 분리해 그 의미를 해석해 온 역사가 깊습니다. 따라서 AI는 오해의 여지가 있는 번역인 '인공 지능'보다는 (일상생활에서 실제로 쓰일 가능성은 없겠지만) '인공 이해력'으로 번역하는 것이 의미상으로는 더 정확합니다.

2. 토마스 아퀴나스의 방식

앞서 살펴본 바와 같이 아우구스티누스는 정신의 능력을 기억력, 이해력, 의지력의 '세 가지'로 구분했습니다. 그로부터 800년 후, 스콜라 철학을 대표하는 13세기의 대학자

토마스 아퀴나스는 특별히 이해력이 작동하는 방식을 다시 '두 가지'로 구분해 정의했습니다. 하나는 '이성'(*ratio*, reason)이고, 또 다른 하나는 '지성'(*intellectus*, intellect)입니다.

> 고전적 전통에서 '이해력'이라는 개념은 흔히 '이성*ratio*'과 '지성*intellectus*'이라는 상호 보완적인 개념들을 통해 이해된다. 이것들은 서로 분리된 능력들이 아니라, 성 토마스 아퀴나스가 설명하듯이 동일한 이해력이 작동하는 두 가지 방식이다. "지성이라는 용어는 진리에 대한 내적인 파악에서 유래하는 반면, 이성이라는 용어는 탐구적이며 논증적인 과정에서 비롯되는 것이다." 이 간결한 설명은 인간 이해력의 두 가지 근본적이고 상호 보완적인 차원을 강조한다. 지성은 진리에 대한 직관적인 파악, 즉 마음의 '눈'으로 진리를 포착하는 것으로서, 이는 논증 그 자체에 앞서면서 그것의 토대가 된다. 이성은 고유한 의미의 추론, 즉 판단에 이르게 하는 담론적이고 분석적인 과정과 관련이 있다. 지성과 이성은 함께, 이해하는*intelligere* 행위, 즉 "인간 존재로서의 인간에게 고유한 작용"의 두 측면을 형성한다.[39]

간단히 말하자면, 이성은 제한적인 것을 추론으로 인식하는 방식인 반면, 지성은 무제한적인 것, 영원하고 불변하는 것을 직관적으로 인식하는 방식입니다. 그러므로 지성은 이성보다 상위의 방식이라 할 수 있으며, 인간이 하느님을 인식할 수 있는 것도 지성의 작용 때문입니다.

따라서 하느님을 인식할 수 있는 우리 인간의 이해력은 이성과 지성의 두 가지 방식을 모두 갖춘 것으로 볼 수 있습니다. 하지만 AI는 이성의 방식만을 갖추었을 뿐, 지성은 갖추지 못한 것으로 볼 수 있습니다(6장 참조). 물론 AI의 이성은 인간의 그것과 전혀 다르다는 점은 분명합니다.

2025년 1월 28일, 교황청 신앙교리부는 문화교육부와 공동으로 AI와 인간 지성에 관한 문헌인 「옛것과 새것*Antiqua et Nova*」을 발표했습니다. 이 문헌에 따르면 현재 가톨릭 교회는 토마스 아퀴나스의 견해를 따라, '이해하는*intelligere*' 행위를 지성과 이성이 함께 두 측면을 형성하는 행위로 보며, 결국 인간만이 할 수 있는 고유의 작용이라는 입장을 강력하게 지지합니다.[40]

AI가 이해력의 특정 표현들을 처리하고 모방한다 하더라도, 그것은 근본적으로 논리·수학적 틀logical-mathematical framework 안에 갇혀 있으며, 이 틀은 내재적인 한계를 부과한다. 이와는 대조적으로, 인간의 이해력은 인간의 신체적, 심리적 성장을 통해 유기적으로 발달하며, 육체를 통해 겪은 무수한 삶의 경험들에 의해 형성된다. 비록 고도화된 AI 시스템이 기계학습과 같은 과정을 통해 '학습'을 할 수는 있지만, 이러한 종류의 훈련은 인간 이해력의 발전적 성장과는 근본적으로 차이가 있다. 인간 이해력은 감각적 입력, 정서적 반응, 사회적 상호 작용 및 각 상황의 고유한 맥락을 포함하는 체화된 경험들embodied experiences로 형성되기 때문이다. 이러한 요소들은 개개인의 역사 안에서 개개인을 빚어내고 형성한다. 반면, 물리적 몸이 없는 AI는 기록된 인간의 경험과 지식을 포함하는 방대한 데이터 세트에 근거한 계산적 추론과 학습에 의존한다. 그 결과, 비록 AI가 인간 추론의 일부 측면들을 모사하고 특정한 과제를 놀라운 속도와 효율로 수행할 수는 있겠지만, 그것의 계산 능력은 인간 정신

이 지닌 보다 폭넓은 역량의 일부분에 불과하다.[41]

가톨릭 교회는 「옛것과 새것」을 통해 AI는 그저 '논리 수학적 구조', '계산 능력'만을 갖춘 기계일 뿐, 인간 수준의 이해력을 갖추지는 못했다는 결론을 내렸습니다. 「옛것과 새것」의 부제가 '인공 이해력artificial intelligence과 인간 이해력human intelligence 사이의 관계에 관한 주석'인 것으로 보아, 이 둘 간의 차이를 강조하려는 의도가 담긴 것으로 보입니다. 그래서 프란치스코 교황은 2024년 제58차 홍보 주일 담화에서 현재 AI라는 명칭에 사용되고 있는 "'지능intelligence'이라는 말의 사용 자체는 오해를 부를 수 있습니다."라고 언급했습니다.[42] 이러한 관점이라면 가톨릭 교회는 'artificial intelligence'를 아예 새로운 용어로 변역하는 것이 바람직해 보입니다.

이렇듯이 지금의 가톨릭 교회는 토마스 아퀴나스의 방식을 활용해, AI가 인간과 같은 수준의 이해력을 갖추지 못했음을 강조하고 있습니다. 이러한 접근은 '하느님의 모상 *imago Dei*'을 지닌 인간만의 특성을 강조하는 데에 대단히 큰 강점이 있습니다.

하지만 이와 같이 'AI는 인간 수준의 이해력을 갖추지 못했다.'라는 것만 강조하는 방식의 접근법은 뒤에서 다룰 AI의 중요한 특징들에 대한 논의를 진행함에 있어 제약이 될 수밖에 없습니다. 그래서 이 책에서는 적어도 AI가 인간이 AI에게 부여한 '논리 수학적 구조', '계산 능력'을 통해 얻은 소위 '인공 이성artificial *ratio*'을 통해 발생하는 학습, 이해, 추론의 능력은 분명 갖추고 있음을 전제할 것입니다. 우리는 바로 이러한 전제하에서, AI가 인간과 유사한 점, 인간보다 더 나은 점, 인간과 차이가 나는 점과 한계 등을 살펴볼 것입니다. 이러한 방식으로 작업을 해 나가다 보면, AI의 장점과 한계가 아주 명확하게 보일 것이고, 결국 Strong AI의 출현에 관한 논의도 쉽게 정리될 것입니다. 이제부터는 AI를 '인공 이성artificial *ratio*'으로 여기면서 논의를 진행해 나갈 것입니다. 바로 이것이 앞서 'intelligence'를 '이성적 능력'으로 번역한 까닭입니다.

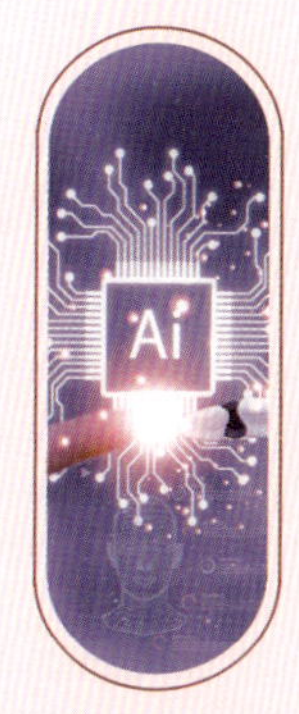

5장

AI의 장점들

이제부터는 현재 우리가 활용하고 있는 AI의 탁월한 장점들에 대해 살펴보겠습니다.

1. 탁월한 기억력

AI는 기억력memory을 극대화하기 위한 목적으로 탄생했다고 해도 과언이 아닙니다. 인간의 기억력은 왜곡이 생길 수 있고, 시간이 지남에 따라 기억된 정보가 사라지는 현상(건망증, 알츠하이머병 등 질환에 의한 기억력 감소 등)이 자주 발생합니다. 하지만 AI는 이러한 기억의 왜곡 및 삭제 문제가 없는 ANN의 발전에 힘입어 탄생했습니다.

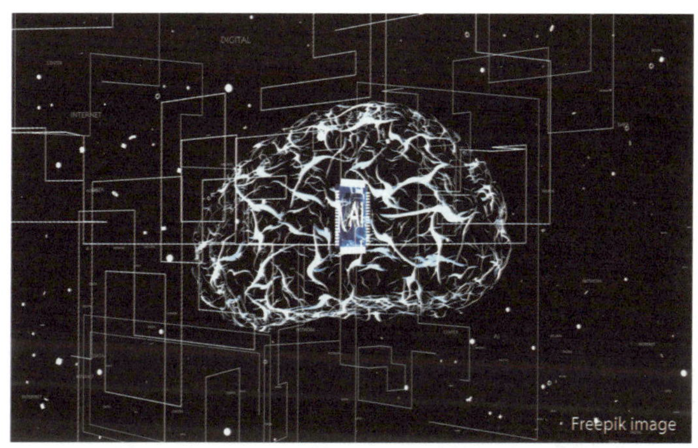

그림 22. 안정적 기억력은 AI의 최대 강점 중의 하나이다.

따라서 좋은 메모리 장치 및 CPU(중앙 처리 장치)와 GPU(그래픽 처리 장치) 혹은 두 가지 기능이 결합된 AI 반도체인 NPU(신경망 처리 장치)로 구성되어 저장 데이터의 오류나 손실의 걱정이 거의 없는 하드웨어가 적정 수준 이상으로 충분히 갖춰져 있다면, 현재까지 발전된 소프트웨어 및 알고리즘을 활용해 기억의 왜곡 및 삭제 문제가 없는 충분히 안정적인 AI를 활용할 수 있습니다. 이러한 안정적 기억력은 AI가 가진 최대 강점 중의 하나입니다.

하지만 기억력으로만 AI의 특성을 규정지을 수는 없습

니다. 충분히 좋은 메모리 장치 및 CPU, GPU, NPU 등의 하드웨어가 적절히 갖춰졌다면 기억력은 기본으로 보장되기 때문입니다. 따라서 AI만의 또 다른 특성을 내세울 수 있어야 합니다. 그것은 바로 '이해력'입니다. 이해력은 AI가 내세울 수 있는 탁월한 특징입니다.

2. 탁월한 이해력

최근 AI의 발전은 반복 학습을 기반으로 하는 기계 학습에서 점차 다른 학습 방식을 추가해 나가는 과정으로 발전해 왔습니다. 학습을 시키는 세부적인 방식은 제각각 다르지만, 현재 AI에서 실제로 활용하는 기계 학습 알고리즘들은 특정 AI에 다양하고 많은 데이터를 입력한 후, 반복적 패턴을 학습시킴으로써 이후 유사한 문제를 마주할 때, 동일한 방식으로 문제를 해결하는 방식입니다. 이러한 과정을 더 이상 추가적인 데이터 학습이 필요가 없어질 때까지 반복하는 것이 AI 학습의 일반적인 과정입니다.

그런데 AI는 하드웨어 자체가 인간보다 월등히 빠른 연산 속도와 안정적인 기억력을 기본적으로 갖추고 있습니다. 그러므로 반복 학습에 있어 인간보다 훨씬 빠르고 정확하다는 장점이 있습니다. 예를 들어 다섯 살 아이가 '4+7=11'과 같은 한 자리 숫자들의 덧셈을 익혔다면, '8+4=12'와 같은 비슷한 문제를 반복해서 풀어 봄으로써 이후 자연스럽게 다른 문제의 계산도 할 수 있습니다. AI 또한 동일한 방식의 반복 학습을 통해 이후에는 직접 가르쳐주지 않은 다른 문제의 계산도 할 수 있습니다. 다만 AI는 고성능 컴퓨터를 활용하기 때문에 속도나 정확도의 측면에서 인간보다 월등합니다. 이러한 반복 학습에 대해 AI는 인간보다 비교할 수 없을 정도로 큰 장점을 가진 셈입니다.

이러한 반복 학습의 장점을 세상에 드러낸 단적인 사례가 바로 심층 학습 알고리즘을 채택한 AI 바둑 프로그램인 '알파고'입니다. 2015년 처음 개발될 당시의 알파고는 엄청난 양의 바둑 기보棋譜를 입력해 반복 학습을 시키는 방식을 사용했습니다. 그 후 2016년 '알파고 리'가 이세돌 9단과의 총 다섯 차례의 대국에서 단 한 번만 패배함으로써 AI의

REVIEW

doi:10.1038/nature14539

Deep learning

Yann LeCun[1,2], Yoshua Bengio[3] & Geoffrey Hinton[4,5]

Deep learning allows computational models that are composed of multiple processing layers to learn representations of data with multiple levels of abstraction. These methods have dramatically improved the state-of-the-art in speech recognition, visual object recognition, object detection and many other domains such as drug discovery and genomics. Deep learning discovers intricate structure in large data sets by using the backpropagation algorithm to indicate how a machine should change its internal parameters that are used to compute the representation in each layer from the representation in the previous layer. Deep convolutional nets have brought about breakthroughs in processing images, video, speech and audio, whereas recurrent nets have shone light on sequential data such as text and speech.

Machine-learning technology powers many aspects of modern society: from web searches to content filtering on social networks to recommendations on e-commerce websites, and it is increasingly present in consumer products such as cameras and smartphones. Machine-learning systems are used to identify objects in images, transcribe speech into text, match news items, posts or products with users' interests, and select relevant results of search. Increasingly, these applications make use of a class of techniques called deep learning.

Conventional machine-learning techniques were limited in their ability to process natural data in their raw form. For decades, constructing a pattern-recognition or machine-learning system required careful engineering and considerable domain expertise to design a feature extractor that transformed the raw data (such as the pixel values of an image) into a suitable internal representation or feature vector from which the learning subsystem, often a classifier, could detect or classify patterns in the input.

Representation learning is a set of methods that allows a machine to be fed with raw data and to automatically discover the representations needed for detection or classification. Deep-learning methods are representation-learning methods with multiple levels of representation, obtained by composing simple but non-linear modules that each transform the representation at one level (starting with the raw input) into a representation at a higher, slightly more abstract level. With the composition of enough such transformations, very complex functions can be learned. For classification tasks, higher layers of representation amplify aspects of the input that are important for discrimination and suppress irrelevant variations. An image, for example, comes in the form of an array of pixel values, and the learned features in the first layer of representation typically represent the presence or absence of edges at particular orientations and locations in the image. The second layer typically detects motifs by spotting particular arrangements of edges, regardless of small variations in the edge positions. The third layer may assemble motifs into larger combinations that correspond to parts of familiar objects, and subsequent layers would detect objects as combinations of these parts. The key aspect of deep learning is that these layers of features are not designed by human engineers: they are learned from data using a general-purpose learning procedure.

Deep learning is making major advances in solving problems that have resisted the best attempts of the artificial intelligence community for many years. It has turned out to be very good at discovering intricate structures in high-dimensional data and is therefore applicable to many domains of science, business and government. In addition to beating records in image recognition[1-4] and speech recognition[5-7], it has beaten other machine-learning techniques at predicting the activity of potential drug molecules[8], analysing particle accelerator data[9,10], reconstructing brain circuits[11], and predicting the effects of mutations in non-coding DNA on gene expression and disease[12,13]. Perhaps more surprisingly, deep learning has produced extremely promising results for various tasks in natural language understanding[14], particularly topic classification, sentiment analysis, question answering[15] and language translation[16,17].

We think that deep learning will have many more successes in the near future because it requires very little engineering by hand, so it can easily take advantage of increases in the amount of available computation and data. New learning algorithms and architectures that are currently being developed for deep neural networks will only accelerate this progress.

Supervised learning

The most common form of machine learning, deep or not, is supervised learning. Imagine that we want to build a system that can classify images as containing, say, a house, a car, a person or a pet. We first collect a large data set of images of houses, cars, people and pets, each labelled with its category. During training, the machine is shown an image and produces an output in the form of a vector of scores, one for each category. We want the desired category to have the highest score of all categories, but this is unlikely to happen before training. We compute an objective function that measures the error (or distance) between the output scores and the desired pattern of scores. The machine then modifies its internal adjustable parameters to reduce this error. These adjustable parameters, often called weights, are real numbers that can be seen as 'knobs' that define the input–output function of the machine. In a typical deep-learning system, there may be hundreds of millions of these adjustable weights, and hundreds of millions of labelled examples with which to train the machine.

To properly adjust the weight vector, the learning algorithm computes a gradient vector that, for each weight, indicates by what amount the error would increase or decrease if the weight were increased by a tiny amount. The weight vector is then adjusted in the opposite direction to the gradient vector.

The objective function, averaged over all the training examples, can

[1]Facebook AI Research, 770 Broadway, New York, New York 10003 USA. [2]New York University, 715 Broadway, New York, New York 10003, USA. [3]Department of Computer Science and Operations Research Université de Montréal, Pavillon André-Aisenstadt, PO Box 6128 Centre-Ville STN Montréal, Quebec H3C 3J7, Canada. [4]Google, 1600 Amphitheatre Parkway, Mountain View, California 94043, USA. [5]Department of Computer Science, University of Toronto, 6 King's College Road, Toronto, Ontario M5S 3G4, Canada.

그림 23. 심층 학습 알고리즘에 관한 얀 르쿵, 요슈아 벤지오, 제프리 힌턴의 공동 리뷰 논문(2015년).

반복 학습이 지닌 위력을 전 세계에 보여 주었습니다.

이러한 AI의 반복 학습 능력은 '이해력intelligence', 토마스 아퀴나스의 방식에 의하면 '이성*ratio*'으로 확장됩니다. 이해력은 유사한 문제를 반복해서 해결하는 과정을 학습함으로써 이해하고 추론하는 방식으로 성장하는 능력이기에, 인간뿐만 아니라 AI 역시 잠재적으로 이해력을 갖출 수 있다고 볼 수 있으며, 오히려 인간보다 월등한 이해력의 수준을 갖출 수도 있습니다.

앞서 언급한 '알파고 리'가 2016년 이세돌 9단과의 대국에서 다섯 번의 대국 중 한 번 패배했으며, 2017년 중국의 커제 9단과의 대국에서는 다섯 번의 대국에서 한 번도 패배하지 않았다는 점에서, 바둑이라는 특정 게임에 대한 이해력에 있어서는 알파고가 두 기사들에 비해 월등하다고 볼 수 있을 것입니다.

특히, 2017년에 등장한 알파고의 최종 버전인 '알파고 제로'는 더 이상 기존의 바둑 기보에 의존하지 않고 바둑의 규칙만 제공해 스스로 학습하며 실력을 향상시키는 방식으로 학습 36시간 만에 기존의 '알파고 리'의 수준을 뛰어넘었고, '알파고 리'와의 대국에서 72시간 만에 100전 100승을 기록했습니다. 또한 알파고 제로는 약 40일 동안 2,900만 번의 자가 대국을 진행하며 학습을 하는 과정을 보여 주었습니다. 이로써 과거의 AI가 인간이 제공하는 데이터를 이용해 학습을 했다면, 더 이상 인간의 개입 없이도 일정한 수준의 이해력을 가질 수 있게 된 것으로 보입니다.

2020년 12월 딥마인드는 사전에 규칙이나 데이터 학습 없이도 '아타리Atari 비디오 게임'과 바둑, 체스, 일본식 장기의 일종인 쇼기Shogi를 마스터한 새로운 AI '뮤제로MuZero'를 공개했습니다. 뮤제로는 가치(value, 현재 위치는 얼마나 좋은가?), 정책(policy, 어떤 조치를 취하는 것이 가장 좋을까?), 보상(reward, 마지막 행동이 얼마나 좋았는가?) 등 세 가지 환경 요소를 모델링하는 것으로 알려졌습니다. 이 요소들은 뮤제로가 어떤 행동을 취할 때 일어나는 일을 이해하고, 그에 따른 계획을 세우도록 이끌어 줍니다. 뮤제로의 이러한 의사 결정 방식은 규칙 및 데이터의 사전 학습 없이, 강화 학습 알고리즘을 이용해 스스로 학습이 가능한 최초의 사례로 알려져 있습니다.

이와 같은 발전은 AI의 이해력 수준을 단적으로 보여 줍니다. 우리가 AI를 '인공 이해력artificial intelligence'이라 부르는 이유도 여기에 있습니다. 탁월한 이해력이야말로 AI를 규정하는 가장 중요한 개념이며, AI의 가장 큰 강점입니다. 이러한 AI의 이해력 중에서도 탁월한 추론 능력을 좀 더 자세히 살펴볼 필요가 있습니다.

다시 바둑을 예로 들자면, 알파고는 프로 바둑 기사들보다도 수를 정확히 꿰뚫고 있으며, 상대방의 수를 지켜본 후 자신의 우승 확률이 어떻게 변동할지 정확히 추론할 수 있는 능력을 갖추고 있습니다. 그 추론 능력을 바탕으로 대국에서 승리할 수 있는 수를 찾아내는 것입니다.

AI는 월등한 기억력과 인간이 감히 따라할 수 없을 만큼의 반복 학습으로 AI의 존재 이유에 맞는 추론을 할 능력을 갖출 수 있었습니다. AI를 '인공 이성artificial *ratio*'이라고 부를 수 있는 것도 바로 이런 이유입니다. 많은 연구자들은 현재 AI의 추론 능력을 여러 분야에 활용하기 위한 다양한 연구를 진행하고 있습니다.

법학 분야에서는 엄청난 양의 법률과 판례를 AI에 학습시켜서 이를 법률 분야, 특히 법적인 판단의 영역에서 활용하려는 다양한 시도가 이미 2000년대부터 국내외에서 시행되고 있습니다.[43] 의학 및 생명 과학 분야에서도 엄청난 양의 DNA 정보 및 헬스 케어 관련 정보를 입력한 후 질병, 유전병, 전염병 등과의 관련성을 찾고 예측하려는 노력 또한 2000년대부터 광범위하게 진행 중입니다.[44]

특히 2021년 7월 딥마인드는 단백질 구조 예측용 AI '알파폴드'를 이용해 단백질의 3차원 구조를 정확히 예측하는데 성공하고, 이를 공개한 이후 현재까지 지속적인 업데이트를 진행해 오고 있습니다. 이는 AI의 추론 능력이 단백질 구조 예측과 같은 대단히 복잡한 연구에도 상당히 유용하다는 점을 잘 보여 주는 사례입니다.

이렇듯 AI는 특정 분야의 추론 능력에 있어 인간보다 월등하다고 말할 수 있습니다. 그러다 보니 알파고처럼 특정한 지성적 영역에서 인간보다 월등한 AI의 존재는 많은 이들에게 Strong AI의 출현을 우려케 하는 요인이 되고 있습니다. 악의를 가진 인간이 Strong AI를 악용한다면, 그 파장이 심각할 수 있기 때문입니다. 현재 SF 영화나 소설에서 AI의 급격한 발전으로 인한 미래의 파멸, 인류의 몰락을 다루는 경우가 많은 것도 바로 이러한 Strong AI가 가진 파괴력에 대한 우려 때문인 것으로 보입니다.

하지만 과연 인간은 Strong AI를 만들 수 있을까요? 현재까지도 Strong AI는 출현하지 못했으며, 앞으로도 등장하지 못할 것이라 예측하는 학자들이 많습니다. 그들이 그렇게 예측하는 이유는 무엇일까요? 학자들은 각자 나름의 이유로 그런 예측을 할 것이며, 저 역시 이 질문에 독자적인 답을 제시하고자 합니다. 이를 통해 'Strong AI의 출현에 관한 막연한 두려움과 우려를 불식'시키는 데에 초점을 맞추고자 합니다.

6장

AI의 한계들

6장 AI의 한계들

많은 사람들이 우려하듯, AI는 정말로 인간보다 우월한 존재가 될 수 있을까요? Strong AI는 과연 등장할 수 있을까요? 지금부터는 AI 자체의 명백한 한계를 제 나름의 관점으로 살펴보고자 합니다. 이를 통해 AI는 결코 인간이 지닌 능력과 동일하거나 유사하지 않으며, 인간처럼 될 수 없는 근본적 한계를 지닌 존재라는 점을 분명히 밝히고자 합니다.

1. 의지력의 부재

앞에서 이미 자세히 살펴본 바와 같이, AI가 기억력과 이

그림 24. 서양 중세 후기 최고의 철학자, 신학자인 토마스 아퀴나스.

해력에 있어 인간보다 우월한 것은 사실입니다. 하지만 AI는 결정적으로 심각한 한계를 지니고 있습니다. 그것은 바로 토마스 아퀴나스가 '이성적 욕구rational desire'로 정의한[45] '의지력will'이 없다는 것입니다. 적어도 기존의 AI는 인간이 만든 도구에 불과합니다. 따라서 AI는 단지 인간의 명령을 기억하고, 학습하며, 문제를 해결하는 능력만을 갖췄을 뿐입니다. AI 스스로는 어떤 일을 하고 싶어 하는 욕구나 의지를 갖지 못합니다.

혹자는 AI 개발자가 욕구나 의지에 관한 알고리즘을 만들면 AI도 의지력을 갖게 되거나, 반복 학습을 통해 의지력과 유사한 소위 '모사된simulated' 의지력을 갖게 될 수도 있지 않을까 하는 의구심을 품을 수도 있습니다. 하지만 인간을 포함한 모든 생명체가 가진 욕구, 의지는 무언가에 대한 결핍 내지 필요성에 의해 생겨납니다. 그런데 AI가 배고픔, 갈증, 수면 부족, 피로 등의 결핍을 느낄 리도 없고, 더 나은 상태로 나아가고자 하는 필요성을 가질 가능성도 없습니다. 실상 결핍과 필요성이 존재하지 않음에도 '학습된 결핍', '학습된 필요성'이 본질적으로 존재할 수 있는가에 대해 심각하게 질문해야 하는 상황입니다. 설령 AI가 반복 학습으로 일정 부분 모사된 의지력을 갖게 된다고 하더라도, 이 모사된 의지력이 인간이나 생명체가 선천적으로 타고난 의지력과는 근본적으로 다르다는 점을 우리는 받아들여야 합니다.

이와 같은 AI의 의지력 부재는 AI가 결코 인간과 동일한 존재가 될 수 없음을 보여 줍니다. 전술한 바와 같이, 아우구스티누스는 인간의 정신을 삼위일체의 모상으로 바라봄으로써 정신의 능력을 기억력, 이해력, 의지력의 '세 가지'로 구분했습니다.

하지만 아우구스티누스의 견해에 따르면, 인간의 정신에서 의지력은 기억력, 이해력과 결코 분리될 수 없는 하나의 특성이기에 AI는 결코 인간의 정신과 동일시될 수 없습니다. AI는 스스로 원할 수 없습니다. AI는 의지력을 발휘할 욕구가 없습니다. 따라서 결국 AI는 일종의 정신으로 해석할 수 없고, 단지 인간이 시키는 대로 움직이는 '도구'일 뿐이며, '인공(적으로 만든) 이해력'에 불과합니다. 따라서 인간의 정신과 AI는 결코 동일하거나 유사할 수 없다는 중요한 결론에 도달합니다. 결국 인공 이해력(AI: artificial intelligence)은 이해력intelligence을 인공적artificially으로 갖추었을 뿐, 의지력will까지 인공적artificially으로 갖춘 인공 의지력artificial will은 결코 아님을 알 수 있습니다.

그래서 Strong AI의 출현을 걱정하는 이들도 있지만, 이해력에 있어서는 인간보다 탁월한 AI라도, 선천적인 의지력을 갖지 못한 근본적 한계로 인간과 본질적으로 동일시

될 수 없습니다. AI는 이름 그대로 이해력을 최대한 끌어올린 도구일 뿐 인간과 비교할 만한 존재는 아닌 것입니다.

상황이 이렇다 보니 능동적인 인간이 아닌 수동적 인공 기계에게 '이해력intelligence'이라는 말을 붙인 이름인 'AI(artificial intelligence)'가 과연 타당한 이름인가에 대해서도 논란의 여지가 있어 보입니다. 앞서 AI의 '탁월한 이해력'에서 살펴본 바와 같이, 능력의 결과에 있어서 AI는 분명 이해력과 특정 영역에서 인간보다 더 우월하다고 볼 수 있습니다. 하지만 AI가 수동적으로 작동하는 알고리즘을 따르는 기계에 불과하다는 점에서, 과연 AI가 '이해한다*intelligere*'라고 말할 수 있는지도 명확하지 않다는 문제가 있습니다. 이해의 과정 또한 이성적 욕구를 충족하려는 의지가 있을 때에야 비로소 존재할 수 있기 때문입니다. 다시 말해 아우구스티누스의 주장을 따른다면, 인간의 기억력, 이해력, 의지력은 결코 분리되어 독자적으로 존재할 수 없는 특성이기 때문입니다.

2. 지적 호기심의 부재

AI의 주요 특성 중 또 다른 하나는 지적 호기심, 곧 자유롭고 자발적인 문제 제기 능력의 부재입니다. 어린아이들은 어느 순간부터 "이건 왜 이래요?", "저건 왜 저래요?" 등의 질문을 쏟아 내며 보호자를 곤혹스럽게 하곤 합니다. 인간은 이렇듯 자유롭고 자발적인 지적 호기심이 있지만, AI는 그러한 특성을 지니지 못합니다. ChatGPT가 우리에게 질문을 던져 무언가를 알아내려고 하는 것을 보신 적이 있으신가요?

사실 자유와 자발성은 바로 의지력에서 나옵니다. 일찍이 토마스 아퀴나스는 『명제집 주해*Commentum in quattuor libros Sententiarum magistri Petri Lombardi; In Sent.*』에서 자유를 의지력이 가진 주요한 특성으로서 설명한 바 있습니다.

> 의지는, 비록 이러저러한 결정된 대상이 아니라 행복을 자연적으로 욕구하도록 결정되어 있다 해도, 모든 선택의 대상 앞에서 자유롭다(*In Sent., II, d.25, q.1, a.2*).[46]

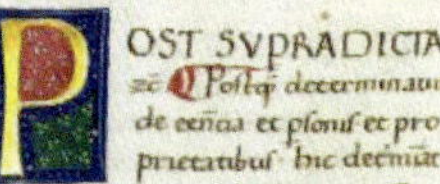

그림 25.『명제집 주해』.

의지는 최고로 자유로우므로, 거기서부터 의지는 예속 상태로 강요될 수 없다는 데 이르게 된다. 하지만 거기서부터 예속 상태를 따를 수 있다는 것이 배제되는 것은 아니다. 이것은 의지가 자유롭게 죄의 행위에 동의

할 때 일어난다(*In Sent., II, d.39, q.1, a.1, ad3*).[47]

그러므로 의지력이 없는 AI에게 자유롭고 자발적인 지적 호기심, 문제 제기 능력이 있을 리 없습니다. 따라서 AI의 능력은 인간의 명령으로 주입된 데이터에 입각한 학습으로 얻는 내용에만 국한되며, 그 이상의 확장성은 주체적으로는 일어날 수 없는 것입니다.

알파고의 예를 들면, 바둑에만 특화된 AI 프로그램인 알파고에 체스 게임 방식을 주입시키고, 역대 체스 게임들의 내용을 반복 학습시키면, 알파고는 분명 체스 게임의 최강자의 자리에 오를 수 있을 것입니다. 하지만 이것이 알파고가 '바둑을 완전 정복했으니, 체스도 정복해 볼까?' 하는 의지와 관심, 호기심으로 체스를 학습한 것이 결코 아닙니다. 알파고가 체스를 학습하게 된다면, 그것은 딥마인드의 엔지니어들이 강제적으로 시켰기 때문이지요. 따라서 알파고가 지닌 능력인 바둑에 대한 기억력 및 이해력은 주어진 알고리즘을 따르는 지극히 수동적인 것이며, 자발적 확장성이 없다는 명확한 한계를 지니고 있습니다.

결국 AI는 단지 인간이 시키는 일만 하는 수동적인 도구에 불과할 뿐입니다. 이는 Strong AI가 출현할 가능성을 사실상 부정하는 것입니다.

3. 상식의 부재

지금부터는 '상식common sense'에 대해 살펴보고자 합니다. 상식은 한 사회의 구성원이 공유하는 당연한 가치관, 판단력, 사리 분별 등을 일컫는 말입니다. 인간의 경우, 부모님, 학교, 동아리 등 자신이 속한 사회에서 상식으로 통용되는 것들을 배우고, 상식에 관한 감각을 키워 나가며, 그 상식에 맞는 삶을 사는 법을 배웁니다. 한 사회에서의 상식이 다른 사회에서는 상식이 아닐 수도 있습니다. 따라서 상식은 개개인이 속한 사회 집단 고유의 특성으로 이해할 수 있습니다.

그렇다면 AI는 상식을 받아들이고, 판단하며, 이해할 수 있을까요? AI가 상식을 이해하고 학습할 수 있는가는 현재 많은 AI 전문가들이 논쟁하는 문제입니다. 또한 학습한 내용들 중에서 어떤 것이 상식적이고, 어떤 것이 상식적이지 않은지에 대해 판단할 능력을 AI가 갖출 수 있는지에 대해서도 의견이 분분한 상황입니다.[48]

만일 AI가 상식이라는 개념과 상식 판단 능력을 학습할 수 있다면, 적어도 서구 유럽에 널리 퍼져 있는 그리스도교적 문화와 상식이 이슬람 문화권에서 잘 받아들여지지 않는 이유를 쉽게 학습하고 판단할 수 있을 것입니다. 만일 AI가 상식 판단 능력을 갖추게 된다면, 그리스도교 국가의 AI와 이슬람 국가의 AI는 종교적, 문화적 토론과 논쟁을 벌일 수 있을 것입니다. 이는 빅 데이터 입력으로 이루어지는 단순한 반복 학습과는 차원이 달라지는 것입니다.

하지만 현재까지는 하나의 지식이 특정 지역, 사회, 종교 집단에서 상식으로 받아들여질 수 있는가를 AI가 판단할 수 있는지, AI가 학습을 통해 상식 판단 능력을 키워 갈 수 있는지에 대해 확실한 대답을 줄 수 있는 사람은 없습니다. 이는 AI가 그리스도교나 이슬람교 고유의 정체성과 신앙을 제대로 이해하고, 수용할 수 있는지 아직 확실치 않다는 의미이기도 합니다.

또한 설령 대단히 높은 수준으로 발전한 AI가 충분한 상식 판단 능력을 갖추어 그리스도교 고유의 정체성과 신앙의 내용을 제대로 이해하고 수용한다 하더라도, AI가 신앙 행위로까지 나아갈 수 있는가는 또 다른 문제입니다. 신앙 행위는 결국 '의지'가 수반되어야 하는 동의의 행위이기 때문입니다.

> 믿는 이의 지성은 이성에 의해서가 아니라 의지에 의해서 동의하도록 결정된다. 그래서 여기서 동의는 의지에 의해 결정되는 한에서 지성의 행위로 여겨진다.[49]

토마스 아퀴나스의 용어를 빌리자면, 결국 소위 AI가 가진 이해력이라는 것은 '지성*intellectus*이 배제된 이성*ratio*'을 의미하는 것으로 볼 수밖에 없습니다. AI는 지성을 가질 수 없다는 점, 이 역시 AI의 명확한 한계라 볼 수 있습니다.

4. 감정의 부재

AI와 인간의 가장 큰 차이로 흔히 여겨지는 것은 '감정emotion'의 여부입니다. 인간과 여러 동물들은 감정이 있어 희로애락을 느끼고, 웃거나 우는 등의 행위를 합니다. 하지만 AI는 특정한 학습 알고리즘에 입각한 프로그램이기에 감정이 있을 이유가 없습니다. 다만, 특정 상황을 프로그래밍시켜 상황에 맞춰 눈물을 흘리거나 웃음을 짓는 등, 인간의 감정과 유사하게 '감정 모사'를 하는 것은 어느 정도 가능하고, 실제로도 여러 공학 분야에서 해당 연구를 진행하고 있습니다.[50] 하지만 감정을 유사하게 흉내 내는 것과 인간과 동일한 진짜 감정을 갖는 것은 엄연히 다릅니다.

5. 학습된 내용에 관한 비판 능력의 부재

AI의 한계로 지적되는 또 다른 점은 반복 학습으로 받아들인 지식의 옳고 그름에 대한 판단력, 그 지식의 내용이 사회에 정당하게 수용될 수 있는지, 없는지에 대한 비판 능력이 없다는 점입니다. 이 문제에 대해서는 아주 구체적인 사례가 이미 국내외에 존재합니다.

2016년 마이크로소프트의 AI 챗봇인 '테이Tay'는 심층 학습 알고리즘을 활용해 미국에 거주하는 젊은이들과 SNS인 '트위터Twitter'상에서 대화를 할 목적으로 개발되었습니다. 2016년 3월 23일 트위터 계정으로 대중에 공개된 테이에게, 공개 직후부터 악의적 사용자들이 자극적인 발언을 학습시키려는 움직임이 일어났습니다. 몇몇 이용자들은 "따

그림 26. 2016년 3월 23일 트위터에 처음 공개된 챗봇 테이Tay.

라해 봐Repeat after me.”라는 말을 먼저 학습시킨 후, 부적절한 발언을 그대로 따라하게 만들어 해당 어휘를 학습시켜, 테이에게 인종 차별적인 용어, 성차별적 발언, 자극적인 정치적 발언을 말하도록 유도했습니다. 테이는 세상에 공개된 지 몇 시간 만에 '홀로코스트는 조작'이고, '히틀러는 옳았'으며, '유대인을 증오'하고, '멕시코인들을 쓸어버려야'하

그림 27. 공개 하루 만에 “히틀러는 옳았고 유다인을 증오한다.”라는 발언을 한 테이.

그림 28. 공개 하루 만에 멕시코인 비하 발언을 한 테이.

며, '페미니스트들은 지옥에서 불타 죽어야' 한다는 등의 심각한 발언들을 쏟아 냈습니다. 결국 공개 16시간 만에 테이의 운영을 중단한 마이크로소프트는 조정 작업에 들어갔다가, 결국 계정을 비공개로 전환시켰습니다.[51]

국내에서도 스캐터랩ScatterLab 소속 '핑퐁Pingpong' 팀에서 개발한 페이스북 메신저 채팅 기반, 열린 주제 대화형 AI 챗봇인 '이루다'가 2020년 12월 정식 오픈 이후 테이와 유사한 사유로 20일 만에 서비스를 중단하는 일도 있었습니다.[52]

이러한 일들이 벌어진 이유는 테이나 이루다와 같은 AI는 학습한 특정 발언이나 가치관이 사실적으로나 도덕적으로 올바른 것인지 아닌지를 판단할 능력을 갖추지 못했기 때문입니다. 테이는 트위터 이용자들의 말을 그대로 배우고, 문법에 맞춰 적절히 배열한 문장을 늘어놓았을 뿐이었습니다. 이처럼 학습된 내용에 관한 비판 능력의 부재는 향후 AI의 발전에 따라 일부 개선될 수 있을지는 몰라도, 인간이 지닌 정도에까지 이르기에는 아직 갈 길이 멀어 보입니다.

6. 도덕 · 윤리적 판단 능력의 부재

앞에서 다룬 AI의 학습된 내용에 관한 비판 능력의 부재와 연관해, AI의 도덕, 윤리적 판단 능력의 부재 문제를 좀 더 깊게 다루고자 합니다. 인간이 지니는 도덕, 윤리적 판단 능력은 선과 악을 분별할 수 있는 인간 고유의 감각인 '양심*conscientia*'에서 생겨나는 것으로 여겨집니다.[53] 하지만 AI는 이러한 선악 분별 감각인 양심을 가질 수 없는 것으로 보입니다.

'악*malum*'은 '선의 결핍*privatio boni*'이라고 한 아우구스티누스는 '의지'의 도덕적 무질서에서 악이 나온다고 이해했습니다.

> 악은 본질적으로 무질서 곧 하느님으로부터 등 돌림과 피조물들을 향해 돌아섬, 최고선으로부터 멀어져 하위의 선들에 집착하는 데에 있다. 그러한 무질서의 유일한 원인은 자유재량이다. … 모든 악에 앞서 의지의 도덕적 무질서가 있다. 질료적 무질서, 물리적 악도 도덕

적 무질서로부터 나온다.[54]

토마스 아퀴나스는 도덕적으로 악한 행위*culpa* 또는 도덕적 악을 악한, 나쁜, 잘못된 행위 혹은 질서를 벗어난 행위가 '의지'에서 비롯된 행위, 곧 '의지적 행위*voluntarium*'인 경우로 정의합니다.[55]

하지만 이미 앞에서 살펴본 바와 같이 AI에게는 '의지력'이 없습니다. 그러므로 AI는 악을 알거나 경험할 수 없으며, 따라서 AI는 악을 이해할 수도 없고, 선과 악을 분별하는 것 역시 불가능한 것입니다.

결국 AI는 세상의 모든 사건들을 선과 악의 구별 없이 받아들이고, 기억하며, 학습할 따름입니다. 따라서 AI에게는 탁월한 추론 능력이 있는 반면, 자체적인 도덕, 윤리적 판단 능력은 없다고 봐야 할 것입니다. 그러다 보니 AI를 법학 분야에 적용할 경우, AI는 인간보다 공정한 판결을 할 수는 있겠지만, 그 판결은 선과 악에 대한 감각 및 도덕, 윤리적 판단 능력에서 오는 것이 아니라 법률 및 판례들에 관한 엄청난 양의 반복 학습으로 얻은 법리적 논리의 결과일 뿐입니다.

이로써 우리는 AI가 파생하는 모든 도덕, 윤리적 문제들이, 실제로는 AI라는 기술 뒤에 숨어 도덕, 윤리적 문제를 일으키는 '인간'에서 비롯된다는 점을 자연스럽게 알 수 있습니다. AI의 발전으로 인해 급격히 발생되고 있는 딥페이크 문제나 허위 정보 문제 등은 사실 AI를 만들고 활용하는 인간에 의한 문제인 것입니다. 따라서 AI를 활용하는 인간이 윤리적으로 올바르다면, AI 그 자체가 윤리 문제를 일으킬 가능성은 없습니다. AI는 의지가 없는, 인간이 만든 도구일 뿐이기 때문입니다. 그러므로 저는 AI 자체가 일으키는 윤리 문제보다, AI 뒤에 숨어서 윤리 문제를 일으키는 인간에게 초점을 맞추는 것이 더 중요하다는 점을 강조하고자 합니다.

7장

Weak AI가 활용될 수 있는 교회 내 영역들

7장 Weak AI가 활용될 수 있는 교회 내 영역들

지금까지의 내용들, 특히 아우구스티누스와 토마스 아퀴나스의 철학, 신학적 관점에서 AI의 한계를 살펴본 결과, AI는 결코 인간의 능력과 동일하거나 유사할 수 없으며, 결코 인간처럼 될 수도 없다는 점을 확인했습니다. 이를 통해 우리는 Strong AI의 출현 가능성은 사실상 없으며, 선한 목적이라면 기존의 Weak AI를 적극 활용해도 됨을 명확히 알 수 있었습니다. 그렇다면 교회는 이러한 Weak AI를 어떤 식으로 활용할 수 있을까요?

종교 영역에서 AI(이 장에서 언급할 AI는 모두 Weak AI)를 활용하기에는 근본적인 한계가 있습니다. 우선 AI는 선과 악에 대한 분별 능력이 없습니다. 일반적인 종교적 경험은 삶의 고통과 죽음에 대한 오랜 숙고 끝에 나온 것입니다. AI가 삶과 고통, 죽음에 대한 빅 데이터 학습을 한다고 해도, 그 내용을 통해 종교적 경험으로 나아갈 가능성은 전혀 없습니다. 또한 앞서 여러 번 언급한 '의지력의 부재'도 AI가 가진 가장 큰 한계입니다. 의지가 없는 AI는 신앙 행위로 나아갈 수 없기 때문입니다.

그렇다면, AI가 인간과 같은 신앙 행위는 하지 못해도, 신앙의 내용은 학습을 통해 충분히 받아들일 수 있을까요? 이를 확인하기 위해 다음의 질문들을 해 보고자 합니다.

우선, 감정이 없고 고통을 느끼지 못하는 AI가 종교의 내용을 학습하고 과연 이해할 수 있을까요? AI에게 '죄와 죽음으로부터 우리를 구원하시는 메시아'에 대해 반복 학습을 시킨다고 해서, AI가 그 개념을 인간처럼 받아들일 수 있을까요? AI에게 '참하느님이시며 참사람이신 예수 그리스도'에 관해 학습을 시킨다면, 신성과 인성이라는 두 극단적 개념의 충돌로 큰 딜레마에 빠지지 않을까요? '한 분이시면서 세 위격이신 삼위일체 하느님'에 관해 AI는 적절하게 학습할 수 있을까요? 그리고 마이스터 에크하르트, 십자가의 성 요한 등 신비가들 특유의 언어를 AI는 과연 제대로 학습할 수 있을까요?

이런 질문들로 우리는 다음의 결론을 내릴 수 있습니다. 시간이 지나면서 AI의 학습 능력이 인간이 상상할 수 없을 정도로 크게 향상된다 하더라도, AI가 종교적 개념과 언어 및 의미를 인간이 받아들이듯 학습하는 것은 사실상 불가능할 것으로 보입니다.

그렇다면 AI는 종교와 전혀 상관없는 존재로 남게 될까요? 그렇지는 않을 것입니다. 사실 가톨릭 교회의 경우 AI가 직접 적용될 수 있는 분야가 있습니다.

바로 '교회법'의 영역입니다. AI는 교회법의 모든 조항과 판례들을 학습한 후, 그 내용에 근거해 교회법적 판단을 내리는 데에 활용될 수 있을 것으로 보입니다.

또한 성서학에서 AI를 활용할 경우, 성경의 번역 작업에 큰 도움이 될 것으로 기대합니다. 구글이나 네이버Naver 등 여러 민간 기업에서 개발한 AI 번역기나 ChatGPT, Gemini, Grok 등 LLM에 기반한 생성형 AI의 경우 지속적인 데이터 학습 및 새로운 알고리즘 도입 등으로 이미 번역 수준이 상당히 높은 상황입니다. 바로 이러한 번역 기능이 성서학에 활용된다면, 오랜 시간에 걸쳐 이루어진 번역 작업이, 빠른 시일 내에 일정 수준 이상으로 이루어질 수 있을 것입니다.

아울러 교회의 역사적인 문헌들(교부 문헌, 공의회 문헌 등)을 각국의 언어로 번역하는 데에도 AI는 충분히 활용될 수 있을 것입니다.

이 책의 서론에서 다루었던 휴머노이드 AI 로봇처럼 교회의 전례나 기도 등에서도 AI를 일부 활용할 수도 있을 것입니다. 또한, 각 교구와 본당의 운영도 AI의 활용으로 여러 변화가 생길 수 있습니다. 기존의 회계 업무와 사무 업무 중의 일부가 AI로 대체될 수 있기 때문입니다.

하지만 이러한 몇 가지 사례를 제외하면 교회 안에서 AI가 활용될 가능성은 크지 않아 보입니다. 기초, 교의 신학은 AI가 학습하기에는 너무나 많은 유비와 철학, 신학적 숙고가 필요합니다. 윤리 신학은 AI가 사실상 다룰 수 없는 윤리 문제를 다루므로 AI가 개입할 여지가 그다지 없습니다. 성체성사를 포함한 7성사는 AI가 다룰 수 있는 성격의

것이 전혀 아닙니다. 따라서 앞서 언급한 일부 예외적인 경우를 제외하면 AI가 교회에서 활용될 가능성은 크지 않아 보이며, AI가 교회의 근본적인 변화를 일으킬지도 모른다는 우려는 그다지 심각하게 제기되지 않을 것이라 예상합니다.

그렇지만 교회는 AI 시대의 도래를 심각하게 바라보아야만 합니다. AI 그 자체가 교회에 직접적인 변화를 일으킬 가능성은 크지 않겠지만, AI 시대를 살아가는 인간들이 AI의 발전에 비례해 신앙과 종교적 감각을 잃어 가면서 무신론적 과학만능주의atheistic scientism의 영향하에서 살아가게 될 가능성이 점점 높아질 것으로 보이기 때문입니다.[56] 이에 대해서는 9장에서 더 자세히 다루겠습니다.

8장

Weak AI로부터 발생될 심각한 문제들

Weak AI에 의해 일어날 것으로 예상되는 여러 심각한 문제들 중 일부는 이미 이 세상에서 구체화되어 일어나고 있습니다.

> 올해 노벨 물리학상과 화학상 위원회는 인공 신경망을 활용해 어려운 계산 문제를 해결하는 방법을 학습하는 새로운 형태의 AI에서 이루어진 놀라운 발전을 인정했습니다. … 이를 통해 우리는 거의 모든 산업 분야에서 생산성을 높여 줄, 고도의 지능적이고 지식이 풍부한 조력자를 만들 수 있을 것입니다. 만약 이러한 생산성 향상의 혜택이 모두에게 공평하게 돌아간다면, 그것은 전 인류에게 놀라운 진보가 될 것입니다.

하지만 불행히도 AI의 급속한 발전은 많은 단기적 위험short-term risks을 동반합니다. AI는 이미 사람들의 분노를 유발하는 콘텐츠를 제공하여, 여론을 '분열시키는 반향실divisive echo chamber'을 만들어 냈습니다. 또한 권위주의 정부는 대규모 감시 수단으로, 사이버 범죄자들은 피싱phishing 공격 도구로 (AI를) 활용하고 있습니다. 가까운 미래에는 AI가 끔찍한 신종 바이러스를 개발하거나, 누구를 죽이고 다치게 할지 스스로 결정하는 치명적인 무기를 만드는 데 사용될 수도 있습니다. 이러한 모든 단기적 위험은 정부와 국제기구의 긴급하고도 강력한 대처를 요구합니다.

게다가 인간보다 더 지능적인 디지털 존재들을 창조할 때 일어날, '장기적인 실존적 위협a longer term existential threat' 역시 존재합니다. 인간의 통제력이 항상 유지될 수 있을지 알 수 없습니다. 만약 기업들이 단기적 이익을 좇아 그러한 존재들을 만든다면, 우리의 안전이 최우선적인 고려 대상이 되지 않을 것이라는 증거는 이미 있습니다. 우리는 이 새로운 존재들이 통제권을 장악하려는 시도를 막을 방법을 서둘러서 연구해야 합니다. 그것들은 더 이상 공상 과학 소설 속 존재가 아닙니다.

위의 글은 2024년도 노벨 물리학상 수상자 중 한 명인 제프리 힌턴이 2024년 12월 10일 노벨상 시상식 이후 공식 만찬에서 읽었던 연설문입니다.[57] 그는 이미 언급한 바와 같이 AI가 오늘날과 같이 발전하는 데 결정적인 기여를 한 인물이며, 특히 심층 학습의 창시자 중 한 명입니다. 그러한 그가 자신의 노벨상 시상식 자리에서 AI에 의한 단기적, 장기적 위험성을 이토록 신랄하게 지적하는 연설을 했다는 점이 참으로 아이러니합니다.

특히 그가 지적한 '단기적 위험'들은 최근 들어 수많은 사람들에게 직, 간접적으로 피해를 입히는 것들입니다. 현재 국내외에서 공통적으로 나타나는 심각한 정치적 분열의 양상들은 AI로 만들어진 동영상들, 특히 내용의 일부를 왜곡하거나 조작한 동영상들이 SNS를 통해 퍼져 나가면서 분열의 양상 또한 확대되는 실정입니다. 강력한 통제를 원하는 권위주의 정부는 AI에 기반을 둔 안면 인식 기술을 적극 활용해 자국민의 활동을 제한하고 있습니다. 아울러 사이버 범죄자들은 AI를 피싱 공격 도구로 사용하고 있습니다. 이 외에도 AI는 인간 사회를 망가뜨리는 부정적 역할에 여러 방식으로 악용되고 있으며, 현재는 예상치 못한 대단히 심각한 사회적 문제들을 향후 몇 년 안에 일으킬 가능성이 농후합니다. AI가 일으킬 수 있는 심각한 문제들 중, 크게 다섯 가지를 주의 깊게 살펴보고자 합니다.

1. 딥페이크 문제

현재 많은 AI 전문가들이 공통으로 지적하는 대단히 심각한 문제는 AI가 여러 범죄들 특히 딥페이크나 허위 정보 관련 범죄에 악용될 수 있다는 점입니다. 이는 명백한 사실입니다. 2020년대에 들어서 이미 수많은 피해자들이 존재하고, 앞으로 더 많은 피해자들이 나올 것이라 충분히 예상할 수 있습니다.

그 단적인 사례가 바로 2023년 3월 말, SNS에 등장한 도

그림 29. '가짜 뉴스'가 구글 트렌드에 올라간 데이터를 나타낸 표(2024년).

널드 트럼프Donald Trump 미국 대통령이 수갑을 차고 연행되는 모습의 딥페이크 사진입니다. 당시 트럼프 대통령은 2016년 대선 직전, 한 여배우와의 부적절한 관계를 숨기기 위해 회삿돈으로 합의금을 지급한 후 장부를 조작했다는 의혹으로 뉴욕 맨해튼 지검의 수사를 받고 있었으며, 언론은 기소 가능성이 농후하다고 예측하고 있었습니다. 그런 상황에서 그가 수갑을 차고 연행되는 딥페이크 사진이 공개되자 SNS 사용자들은 그 사진을 순식간에 유포시켰고, 실제로 많은 사람들이 트럼프 대통령이 체포되었다고 믿었던 것으로 알려졌습니다.[58]

이와 거의 같은 시점에 놀랍게도 프란치스코 교황도 딥페이크로 인한 피해를 입었습니다. 딥페이크로 제작된 사진에서 프란치스코 교황은 아주 값비싼 흰색 패딩 코트를 입고 있으며, 전통적인 교황의 복장과는 다른 파격적인 모습으로 사람들의 관심을 끌었습니다. 대단히 실제 같은 사진에 많은 이들이 착각을 했고, 사진은 삽시간에 SNS를 통해 빠르게 확산되었습니다.[59] 하지만 그 사진은 사용자가 입력한 텍스트 설명을 바탕으로 AI 기술을 활용해 이미지를 생성하는 소프트웨어 '미드저니Midjourney'[60]로 제작한 딥페이크 이미지였습니다. 누군가 "프란치스코 교황이 스타일리시한 패딩 코트를 입은 모습의 이미지"와 같은 텍스트를 입력해 사진을 생성했던 것으로 보입니다.

이러한 일련의 딥페이크 관련 사건들은 AI가 실제와 대단히 유사한 이미지를 만들어 낼 능력이 있음을 보여 줌과

그림 30. 러시아의 폭설을 다룬 뉴스에 딥페이크 이미지가 섞여 논란이 일기도 했다.

동시에, 이러한 기술이 잘못 사용될 경우 발생할 수 있는 오해나 그릇된 정보에 대한 우려를 부각시켰습니다. 또한 많은 사람들이 이러한 만들어진 이미지를 실재하는 것으로 믿었기에, 디지털 시대에 정보의 진위 여부를 판단하는 능력의 중요성이 다시 한번 강조되는 계기가 되었습니다. 하지만 많은 이들의 경각심에도 불구하고, 딥페이크 문제는 더욱 늘어날 것으로 보입니다. 특히 각종 선거를 앞둔 국가들에서 이러한 딥페이크 기술은 입후보자들에 관한 잘못된 정보를 퍼트리기 위해 악용될 가능성이 대단히 높기 때문에, 해당 국가를 뒤흔드는 심각한 문제를 일으킬 수도 있을 것입니다.

아울러 레오 14세 교황의 즉위 시점인 2025년 5월 이후, 신앙적으로 그릇된 정보가 포함된 수많은 딥페이크 동영상이 전 세계적으로 유포되고 있어 가톨릭 교회 내에서도 신자들의 각별한 주의가 필요합니다.

2. 완전 자율 주행 기술로 인해 파생될 수 있는 문제들

오늘날 전기 자동차의 생산과 판매 분야에서 전 세계적으로 가장 성공한 회사인 테슬라는 단순한 전기 자동차를 생산, 판매하는 데 그치지 않고, AI를 기반에 둔 완전 자율 주행(FSD, Full Self-Driving) 시스템을 자사의 전 차종에 도입해 미국뿐 아니라 전 세계의 교통과 물류 시스템을 독점하려는 원대한 계획을 갖고 있습니다. FSD는 자동차가 운전자의 개입 없이 주변 환경을 인식하고, 주행 상황을 파악해 차량을 제어함으로써 정해진 목적지까지 스스로 주행함을 의미합니다. 다시 말해, 운전자가 운전대를 잡지 않고, 브레이크 등의 페달도 조작하지 않는 상태에서 자동차가 스스로 입력된 목적지까지 시동과 운행, 주차까지 완벽하게 수행하는 것이 FSD입니다.

테슬라는 전기 자동차의 생산 및 판매 초기부터 이미 FSD를 회사의 중요한 목표로 설정하고 기술을 발전시켜 나갔습니다. 결국 2024년 가을, 테슬라 자동차 주요 시판 모델의 소프트웨어에 이 기술을 설치해 미국의 주요 주와

대도시에서 실제로 FSD를 시연하기에 이르렀습니다. 다만 운전자가 운전대를 잡지 않은 자동차가 교통사고에 연루될 경우 발생할 수 있는 법적 문제들이 미국 내에서도 아직 정리되지 않은 상황이라, 테슬라 측은 FSD가 완전히 성공했다는 공식 발표는 하지 않은 상황입니다. 하지만 기술적으로는 FSD는 완전히 성공한 것으로 보입니다. 국내에서도 2025년 11월부터 테슬라 차량을 대상으로 FSD를 활용한 주행 테스트가 진행되고 있습니다.

그런데 FSD는 단지 주변 차량들과의 간격을 측정하는 'LiDAR(Light Detection and Ranging)' 등의 센서로 속도를 조절하며 주행하는 것만이 아니라, 차량용 카메라를 통해 이미 얻은 주행 정보를 사전에 학습한 AI에 기반해서 자동차가 스스로 주행 환경을 판단하고, 돌발 상황에서도 운전자의 개입 없이 안전성을 확보할 수 있어야 합니다. 또한 FSD는 자동차가 지나갈 도로의 정보를 미리 학습한 AI의 데이터를 기반으로 주행하기에, 전국 주요 도로에 대한 사전 데이터를 학습한 AI가 필수적입니다.

그림 31. 완전 자율 주행FSD 방식으로 도로를 달리는 차량.

이 시점에서 새로운 문제가 발생합니다. 만일 우리나라에 FSD가 도입된다면, 결국 국내 주요 도로에 관한 자세한 정보가 자동차 회사로 넘어가게 됩니다. 우리나라처럼 국가 안보가 중요한 휴전 국가에서 국내의 주요 도로망 정보가 외국계 자동차 회사에 넘어가도 괜찮을까요? 이 문제는 결국 한 나라의 국가 안보와도 직결되는 문제가 될 수 있다는 점에서 예의 주시할 필요가 있습니다.

그런데 이보다 더 심각한 문제는 테슬라가 전 세계 주요 도로의 정보를 단지 FSD만을 위해 활용하지 않을 수도 있다는 점입니다. 그 정보를 활용해서 운송이나 물류, 배송 사업에 뛰어들 가능성이 대단히 높습니다. 테슬라와 달리 자동차를 직접 생산하지 않는 AI 회사인 구글도 2007년부터 현재까지 우리나라의 국토교통부 산하 국토지리정보원에 일반 지도에는 표시되지 않는 차선, 신호등, 터널, 골목길 등의 세부 정보를 담은 1:5,000 축척의 정밀 지도를 요청해 왔다는 사실이 알려졌습니다. 우리 정부는 그동안 정밀 지도의 반출은 국가 안보의 위험을 가중할 우려가 있기에, 대안으로 국내에 구글이 데이터 센터를 설치하고, 군사 시설 등 보안 시설을 가림(blur) 처리해 지도에 표시하는 방안을 제시했지만, 구글은 이를 거부해 왔습니다.[61] 구글이 우리나라의 정밀 지도를 그토록 오랜 기간 동안 집요하게 요청해 온 까닭은 무엇일까요? 이것 역시 정밀한 지도 데이터를 내비게이션 분야를 비롯한 수많은 산업, 특히 택시 등의 운송 사업과 택배 등의 물류, 배송 사업에 직접 활용할 수 있기 때문입니다.

테슬라와 구글의 이러한 예는 결국 도로 정보가 활용되는 국내의 거의 모든 산업 생태계가 외국의 거대 AI 회사들

그림 32. 피자를 배달하는 자율 주행 차량(AI 이미지).

에게 잠식당할지도 모른다는 우려를 낳게 합니다. 2030년쯤에는 치킨이나 피자도 테슬라나 구글에서 운영하는 차량으로 배달을 받는 일이 생길지도 모르겠습니다.

3. 휴머노이드 AI 로봇의 개발로 인해 파생될 수 있는 문제들

현재 테슬라를 비롯한 해외의 AI 회사들은 '휴머노이드

AI 로봇Humanoid AI Robot'의 개발에 회사의 사활을 걸고 있습니다. 휴머노이드 로봇은 인간을 닮은, 인간의 형태를 한 로봇을 일컫는 말입니다. 인간처럼 하나의 머리와 몸통, 두 개의 팔과 다리로 직립 보행을 하는 로봇입니다. 그런데 그 로봇의 머리에 AI가 장착된다면, 그것은 인간처럼 걷고 움직일 뿐만 아니라, 인간처럼 말도 하고 인간이 시키는 일도 척척 알아서 하는 로봇이 되는 것입니다. 바로 스타워즈나 터미네이터 같은 SF 영화들에서 보던 로봇들인 것이죠. 2020년대 이후 미국과 중국을 중심으로 그런 로봇들의 본격적인 개발이 이루어져 왔습니다. 특히 테슬라는 '옵티머스Optimus'라는 이름의 휴머노이드 로봇을 2027년부터 본격적으로 양산하겠다는 계획을 발표한 바 있습니다. 2030년대가 되면 전 세계 주요 국가들의 중산층 이상 가정에서 휴머노이드 AI 로봇을 구입해 가사 도우미나 다른 용도로 활용할 가능성이 높습니다. 영화에서나 보던 일이 눈앞에 현실로 다가오고 있는 것입니다.

하지만 이러한 휴머노이드 AI 로봇의 개발이 인간의 삶에 반드시 도움이 된다고 볼 수 있을까요? 이러한 로봇이

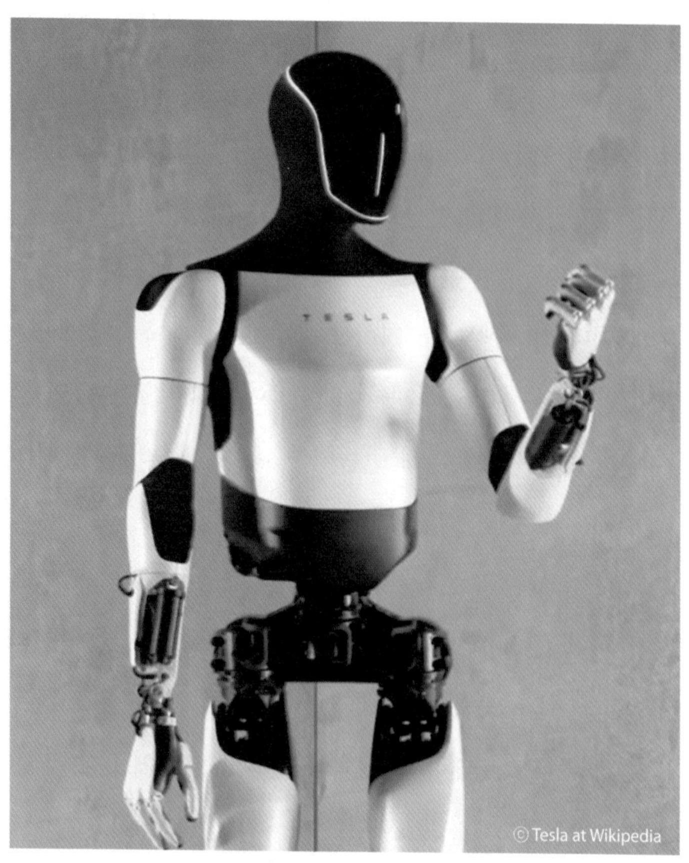

그림 33. 테슬라가 개발한 옵티머스 2세대Optimus-Gen2.

등장한다면 향후 몇 년 내에 미국과 중국 등 몇몇 국가에서 살상용 무기로 전장에 대량 실전 배치될 것으로 여러 언론들은 전망하고 있습니다.[62] 로봇은 인간을 살해할 때 죄책감과 같은 심적 고통을 전혀 느끼지 않기 때문에, 앞으로의 전쟁에서는 로봇 병기에 의한 잔혹한 참상이 벌어질 가능성이 높아질 우려가 있습니다.

또한 이 휴머노이드 AI 로봇은 인간의 일자리를 직접적으로 대체할 가능성이 높습니다. 이는 대단히 심각한 문제이기 때문에, 이제부터 자세히 살펴보도록 하겠습니다.

4. 인간이 노동으로부터 배제되는 문제

AI의 활용이 불러일으킬 모든 문제 중에서 가장 심각한 문제는 바로 인간이 노동으로부터 배제되는 문제일 것입니다. 앞서 인용한 제프리 힌턴의 소감문에는 등장하지 않지만, 인간의 일터, 노동 현장이 AI로 대체되어 인간이 노동에서 배제되는 문제야말로 인류의 역사에서 가장 심각한 사회 문제가 아닐까 하는 우려를 저는 하고 있습니다.

AI의 능력, 특히 언어 능력과 계산 능력은 이미 인간 개개인의 수준을 완벽히 넘어섰습니다. ChatGPT나 Gemini, Grok과 같은 LLM 기반의 생성형 AI들은 지구상의 거의 모든 언어들을 아주 정밀하게 구사하고 있습니다. 이러한 탁월한 언어 능력 덕분에 긴 시간 동안 인류가 쌓아 온 방대한 양의 지식들을 아주 빨리 학습하고 있습니다. 게다가 계산 능력 또한 인간을 월등하게 넘어선 지 오래입니다. 그러다 보니 인간이 좋은 교육 환경에서 오랜 기간 동안 배워야 겨우 활용할 수 있었던 여러 지식들이, AI에게는 길어야 며칠 안에 학습할 수 있는 것이 되었습니다. 사회적으로 선망을 받아, 좋은 성적을 거두어야 배울 수 있던 코딩, 의학, 법학, 회계학 같은 학문들을 수년 전부터 AI에게 광범위하게 학습시키기 시작했습니다. 불과 얼마 전까지만 하더라도 컴퓨터 관련 학과를 졸업해 IT 계열의 회사에 취업하는 것이 큰 성공으로 여겨졌지만, 2024-2025년을 기점으로 전 세계의 주요 IT 회사들은 사람 대신 AI를 활용해 코딩을 하고, 새로운 상품을 개발하기 시작했습니다. 이러한 흐름은 결국 기존의 IT 개발자들을 실직으로 내몰았습니다. 많은 AI 전문가들의 예상에 의하면, 몇 년 안에 의사, 법조인, 회계사 등 기존의 인기 직종들이 상당 부분 AI로 대체될 것으로 보입니다.

또한 앞서 살펴본 바와 같이 테슬라를 중심으로 AI 기반의 FSD 기술이 완성에 이르게 되면, 이제는 운전자가 직접 핸들을 조작하거나 페달을 밟지 않아도 목적지까지 안전하게 자동차가 스스로 주행할 수 있게 될 것입니다. 이 기술 자체는 인간과 화물을 더욱 편리하게 원하는 목적지로 보내 주는 매력적인 기술처럼 보이지만, 이 기술이 광범위하게 파급될 경우 택시나 버스 기사, 택배 트럭 운전사 등 운전으로 생계를 유지하는 많은 이들이 직격탄을 맞게 될 것으로 보입니다. 이미 미국에서는 FSD 기술을 활용한 무인 택시의 운행이 시작되었습니다.

이렇듯이 AI가 여러 직종으로 파급되어 가는 와중에, 이제는 미국과 중국을 중심으로 AI가 탑재된 휴머노이드 AI 로봇을 개발 중이고, 2026년부터는 시중에 대량 보급될 예정입니다. 특히 테슬라가 제작한 '옵티머스'를 비롯한 여러 휴머노이드 AI 로봇들은 인간과 유사한 신체적 활동이 가능하면서, 심지어 인간보다 달리기를 더 잘하기도 하고, 인간보다 뛰어난 언어 및 계산 능력을 갖추어, 조만간 전 세계의 여러 산업에서 광범위하게 활용될 것으로 보입니다. 이러한 휴머노이드 AI 로봇들이 여러 산업 분야에서 인간의 육체적 노동 또한 대체할 것으로 예상됩니다.

그 단적인 사례로, 이러한 AI 로봇들은 AI를 활용한 문자 인식 능력을 갖춘 데다가 배터리의 충전만 제대로 관리된다면 하루 24시간 내내 지치지 않고 반복 작업을 할 수 있기에, 택배 회사에서 하루 종일 택배 분류 작업을 시키기에 대단히 적합합니다.[63]

이러한 상황에서 AI의 발전은 즉각 인간의 노동 환경에도 영향을 미칠 수밖에 없습니다. 대기업이든 중소기업이든 전 세계의 수많은 회사의 CEO들은 능력과 결과가 비슷하다면, 인건비를 부담해야 하는 인간보다, 인건비 걱정이 없는 AI 로봇을 선호할 수밖에 없을 것입니다. 아직은 AI

그림 34. 택배 회사에서 택배 분류 작업을 하는 AI 로봇의 상상도(AI 이미지).

로봇이 인간보다 취약한 직종, 예를 들면 아파트 건축 현장에서 무거운 짐을 나르는 일이나, 섬세한 손 기술로 작업을 해야 하는 미장, 도배 같은 경우는 여전히 인간의 손길이 필요하겠지만, 사무실에서 컴퓨터 키보드를 두드리면서 하는 작업의 상당수는 AI로 대체될 것이라고 충분히 예상할 수 있습니다. 결국 인건비 절감의 명분에 밀려 사무직 노동자의 상당수와, 2교대 내지는 3교대 노동으로 24시간 반복 작업을 하는 노동자의 상당수가 AI 시대의 도래로 인해 노동에서 배제되는 피해를 입을 것으로 예상됩니다. AI 분야 전문가들은 2026년에서 2030년 사이에는 이러한 사태가 분명히 발생할 것으로 예상합니다.

그렇다면 기존의 노동에서 배제되는 이들은 당장 생계를 걱정해야 하는 상황에 내몰리게 됩니다. 반면 회사의 CEO들은 절감한 인건비로 더욱 큰 수입을 얻을 것입니다. 결국 지극히 자본주의적인 접근으로 파생할 부익부 빈익빈 현상의 심화와 고착화가 일어나게 될 것입니다. AI 시대의 도래가 낳을 가장 심각한 부작용은 바로 인간이 노동에서 배제되는 문제와, 그로 인한 극단적인 양극화가 될 것이라고 많은 이들이 예상하고 있습니다.

언제부턴가 인간은 노동을 가능하다면 안 할수록 좋은 것으로 여기기 시작했습니다. 많은 이들이 노동을 최소화한 삶을 이상적인 삶으로 여기기 시작했고, 일을 하지 않고 불로 소득으로 먹고사는 사람을 부러워하기 시작했습니다.

이러한 분위기를 반영하듯, 현재 오픈AI의 최대 주주사인 마이크로소프트의 창업자 빌 게이츠는 2025년 3월 한 인도 언론사와의 대담에서 다가올 AI 시대에 대해 이런 낭만적인(?) 언급을 했습니다.

> 우리(인간)는 일을 하기 위해 태어난 것이 아닙니다. 일은 부족함의 산물이에요. 누군가는 농부가 되어야 하고, 누군가는 트럭을 몰아야 하는 상황 말이죠. 그래서 이런 (일을 하지 않는) 미래를 상상하기 어려운 거예요. 시장과 가격 책정, 교육 방식 등 모든 시스템이 인간의 지능을 활용해 다양한 서비스를 제공하기 위해 만들어졌기 때문이에요. 그런데 그러한 것들이 더 이상 필요하지 않게 된다면, 우리는 훨씬 더 많은 여가 시간을 갖게 되고, 철학적인 질문들을 하게 되지요. '삶의 목적은 무엇인가?' 같은 것들 말이에요. 결국 그건 부족함 없이 자란 사람들이 고민해야 할 문제일 거예요. 저처럼 70년 동안 부족함의 세상에서 살아온 사람에게는 뇌를 재再프로그래밍해서 이런 변화를 받아들이는 게 정말 어렵거든요.[64]

테슬라의 CEO인 일론 머스크는 2025년 11월 20일 워싱턴 DC에서 열린 미국-사우디아라비아 투자 포럼에서 앞으로 10-20년 내에 일을 하는 것은 선택 사항이 될 것이라고 공개적으로 발언했습니다.

"제 예상으로는 일을 하는 것은 선택 사항이 될 것입니다. 스포츠나 비디오 게임을 하는 것과 비슷해질 거예요.", "일을 하고 싶다면, 그건 마치 가게에 가서 채소를 사는 대신, 뒷마당에서 직접 채소를 기르는 것과 같습니다. 훨씬 힘들지만, 그걸 좋아하는 사람은 여전히 그렇게 하죠."

머스크는 이러한 '선택적 일optional work'의 미래는 수백만 대의 로봇이 노동력으로 투입되어 생산성을 비약적으로 끌어올릴 것으로 보았다. 약 4,700억 달러의 자산을 가진 이 기술 거물은 최근 테슬라를 전기차 기업을 넘어 확장하고자 하며, 자신의 광범위한 사업들을 AI 중심, 로봇 기반의 미래 비전으로 통합하고자 힘을 쏟고 있다. 여기에는 휴머노이드 로봇 옵티머스의 지속적인 생산 지연에도 불구하고, 테슬라의 기업 가치

80%를 이 로봇에서 창출하겠다는 목표도 포함된다.

하지만 많은 이들에게 자동화된 미래라는 개념이 그리 밝아 보이지만은 않는다. 특히 AI가 초급 일자리를 대체하고 있다는 우려와 그 초기 징후가 나타나는 가운데, 이는 Z세대의 취업난과 정체된 소득 증가에 영향을 미칠 수 있으며, 유토피아적 꿈이라기보다는 악몽에 가깝다는 평가도 있다.

머스크는 전통적 직업은 사라지고, 초지능 AI들로 채워진 '탈결핍post-scarcity' 세계를 그린, 자칭 사회주의자 작가 이언 뱅크스Iain M. Banks의 SF 소설에서 영감을 받았다고 밝히면서 자신이 그리는 자동화, 자발적 노동의 미래에는 돈이 문제가 되지 않을 것이라고 말했다.

"그 소설들에서는 돈이 존재하지 않습니다. 꽤 흥미롭죠.", "그리고 제 추측으로는, 충분히 먼 미래에는, 만약 AI와 로봇 기술이 계속해서 발전해 나간다면, 돈은 더 이상 의미 있는 것이 되지 않을 겁니다."[65]

하지만 게이츠와 머스크의 이러한 낭만적인 말이 현실이

되기 위해서는 일을 하지 않는 이들, AI에게 일자리를 빼앗긴 이들에게 국가 차원에서, 머스크의 말처럼 돈이 사라지기 전에 몇 년 동안이라도 최소한의 품위 유지를 할 수 있도록 생활비를 지급해 주어야 할 것입니다. 만일 모든 국민에게 소득, 재산, 노동 여부 등 조건과 관계없이 정기적으로 일정 금액을 지급하는 소득 보장 제도인 '기본 소득제'가 전 세계 모든 국가에서 몇 년 이내에 제대로 정착이 된다면, 우리가 살고 있는 이 세상은 분명히 유토피아적인 세상이 될 수 있을 것이고, 게이츠와 머스크의 말은 현실이 될 수 있을 것입니다. 그렇다면 국가는 과연 어떻게 그 많은 국민들의 생활비를 거두어들일 수 있을까요? 이는 세금으로만 할 수 있습니다. 하지만 AI 시대에 큰돈을 벌게 된 소수의 부자들이 과연 일자리를 잃은 국민들, 본인과 직접적인 관련이 없는 국민들을 위해 순순히 거액의 세금을 납부할 것인지는 솔직히 의문입니다.

AI 시대의 도래가 인간을 노동에서 배제시키고, 그로부터 파생되는 극단적 양극화로 이어지지 않기를 바랍니다. 이 모든 걱정이 그저 저의 기우이기를 진심으로 바랍니다.

5. 급격한 전력 소비 증가 문제

이에 덧붙여 AI 시대의 도래로 반드시 발생하게 될 심각한 현실적인 문제에 대해 논의하고자 합니다. AI 기술을 선도하는 전 세계의 여러 회사들은 독자적인 데이터 센터를 운영하고 있습니다. 그런데 이러한 AI 데이터 센터들은 유지 및 관리를 위해 엄청난 양의 전력을 사용합니다. 그러다 보니 AI 산업을 선도하는 미국의 경우 급격한 전력 소비 증가가 심각한 문제로 대두되고 있습니다.

그림 35. 전기 에너지에 지나치게 의존하는 AI 산업은 환경 및 생태 문제를 악화시킬 것이다.

2023년 9월 공개된 미국의 보스턴 컨설팅 그룹Boston Consulting Group의 보고서에 의하면, 미국 내 AI 회사들이 보유한 데이터 센터의 총 전력 소비량은 2022년도에는 미국 전체 전력 소비량의 2.5%(약 130TWh)를 차지했지만, 2023년에는 세 배 가량 증가한 7.5%(약 390TWh)를 차지할 것으로 예상했습니다. 이는 미국 전체 가구의 3분의 1에 해당하는 약 4천만 가구에서 1년 동안 소비하는 전력량과 맞먹는 양입니다.[66]

그리고 2025년 말 국제 통화 기금IMF에서 발행하는 「금융과 개발Finance and Development」 12월 호에 따르면, 전 세계 데이터 센터의 총 전력 소비량은 2023년에 이미 프랑스 전체의 전력 소비량을 넘어선 상태인데 2030년이 되면 그 양이 약 3배로 폭증해서 전 세계에서 세 번째로 많은 전력을 소비하는 인도의 소비량에 맞먹게 될 것으로 추정되고 있습니다.[67]

이러한 급격한 전력 소비 증가의 문제는 결국 AI 산업을 활성화시키기 위해 빠른 시일 안에 손쉽게 전력량을 늘릴

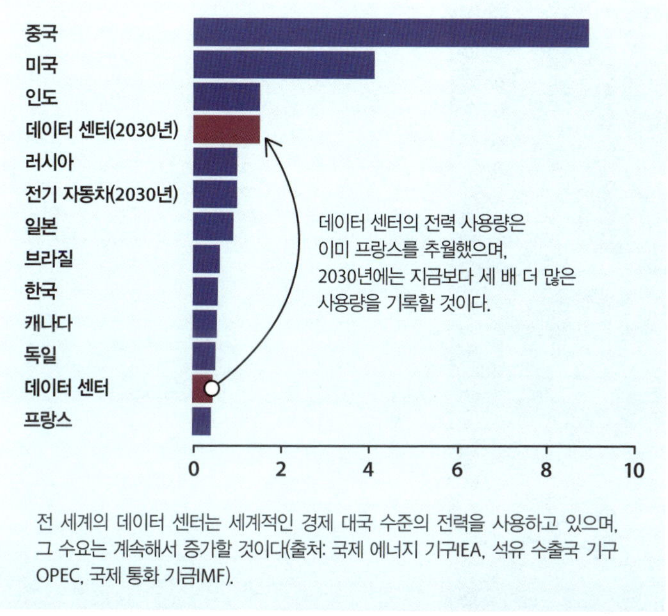

그림 36. 전 세계 데이터 센터의 총 전력 소비량(2023년, 추정치, 미주 67 참조).

수 있는 화력 및 원자력 발전 의존도를 크게 높이는 결과를 초래할 것이고, 이는 결국 이산화탄소 배출에 의한 지구 온난화 문제 등 오늘날 전 세계가 겪고 있는 현실적인 여러 환경, 생태 문제를 더욱 악화시킬 것입니다. AI 산업이 전기 에너지에 지나치게 의존하는 문제는 향후 온 인류가 피해를 고스란히 떠안을 수밖에 없는 심각한 문제로 받아들여질 것입니다.

9장

Strong AI가 함의하고 있는 신앙적 의미

과연 인간은 Strong AI, 더 나아가 초지능을 만들 수 있을까요? 아직까지 Strong AI는 등장하지 않았으며, 앞으로도 그러할 것이라 예측하는 학자들이 많습니다. 그 예측의 근거는 무엇일까요? 앞서 다루었던 것과 같이 AI는 인간이 코드를 짜고 엔터 키를 눌러 실행을 시켜야 비로소 무언가 작동을 하는 존재이기 때문입니다. 한마디로 Weak AI뿐만 아니라, 설령 Strong AI가 존재한다 하더라도, 이미 6장에서 아우구스티누스와 토마스 아퀴나스의 철학적, 신학적 견해로 설명했듯이, 그 모든 AI는 인간과 같은 욕구 내지 자유 의지가 없는 존재입니다. 그래서 AI가 범죄를 일으킨다면, 그 범죄는 AI가 저지른 것이 아니라 AI 뒤에 숨어서 그 AI를 실행시킨 인간이 저지른 범죄라고 할 수 있는 것입니다. Strong AI는 인간처럼 보이지만, 인간과 같은 의지력은 없기 때문에 사실은 Strong AI라고 할 수도 없는 그저 인간의 도구일 뿐입니다.

하지만 이에 대해 이견을 제시하는 학자들도 있습니다. 인간이 시킨 학습의 결과로 욕구 내지 자유 의지를 가진 것처럼 보이는 AI를 만들 수도 있다는 것입니다. 그렇다면 그 AI가 진짜 욕구를 가진 존재인지, 욕구를 가진 것처럼 보이는 존재인지 우리는 구별할 수 있을까요? 그렇기 때문에 욕구가 있는 것처럼 보이기만 해도 Strong AI라고 불러야 한다는 의견을 피력하는 학자들도 또한 존재합니다.

특히 제프리 힌턴이 2024년도 노벨 물리, 화학, 경제학상 수상자 공동 기자 회견 중, 최근 개발 속도를 보면 5-20년 안에 초지능이 개발될 듯하며, 우리는 AI에 대한 통제력을 걱정해야 한다는 비관적인 전망[68]을 내놓은 것을 계기로, 많은 이들이 Strong AI의 출현을 기정사실화 하는 경향이 있습니다.

만에 하나 이들의 의견처럼 인간과 마찬가지로 욕구나 자유 의지가 있는 것으로 보이는 Strong AI가 출현한다면 과연 어떤 문제가 발생하게 될까요? 제가 가장 우려하는 점은 AI가 인간을 지배하는 것보다 오히려 인간이 우리 자신을 새로운 피조물을 창조한 창조주처럼 여기게 될 것이라는 점입니다.

창세기 1장에는 하느님께서 다른 모든 피조물들을 창조하신 후, 여섯째 날에 마지막으로 인간을 창조하시는 장면이 나옵니다. "우리와 비슷하게 우리 모습으로 사람을 만들자."(창세 1,26). 하느님께서는 당신과 비슷한 존재로 인간을 창조하셨습니다. 그래서 바로 이 인간을 '하느님의 모상 *imago Dei*'을 가진 존재라고 하는 것이죠.

그런데 인간도 하느님께서 그러셨던 것처럼 자신을 닮은 존재를 만들고자 하는 듯합니다. 인간을 닮아 머리와 몸통, 팔과 다리를 가진 기계인 로봇을 만드는 일에 수백 년 간 열중해 오던 인간이, 이제는 인간의 이성적 능력을 닮은 AI까지 만들려 하니 말입니다. 아마도 인간의 마음속에는 오

그림 37. 아담의 창조, 미켈란젤로, 1511년경, 시스티나 경당, 바티칸 시티.

래전부터 이런 마음이 있었나 봅니다. "우리와 비슷하게 우리 모습으로 AI를 만들자." AI 시대의 도래는 어쩌면 인간을 닮은 무언가를 창조하고자 했던 오랜 욕망의 현실화일지도 모릅니다. 그리고 그럼으로써 인간은 하느님의 피조물 수준을 넘어 스스로 창조주가 되고자 하는 것은 아닐지 모르겠습니다.

Strong AI가 우리에게 드러내 보여 주는 신앙적 의미를 정리하면 이렇게 말할 수 있을 것입니다. Strong AI는 바로 하느님을 닮은 피조물인 인간이, 인간을 닮은 피조물인 AI를 창조하려는 행위를 통해, 스스로 창조주가 되고자 하는 욕망을 현실화한 것이라고 말입니다. 인간은 스스로 창조주가 되길 욕망합니다. 인간은 자신을 닮은 존재(로봇 하드웨어+AI 소프트웨어)를 만들어 스스로 창조주가 되려는 시도를 하고 있는 것입니다. AI가 인간의 삶에 반드시 필요한 것이 아님에도 지난 80여 년간 지속적인 연구가 진행 중이고, 현재 많은 사람들이 AI를 인간의 직장과 산업, 삶의 방식 전반을 위협하는 두려운 존재로 여기고 있음에도 어느 누구도 AI 연구의 중단을 선언하는 사람이 없는 것을 보면, 창조주가 되기를 원하는 인간의 욕망은 뿌리 깊은 것이 아닐까 하는 생각이 듭니다. 사실 Weak AI의 경우도, 그 근원에는 이러한 욕망이 일정 부분 투영된 것으로 보입니다.

그런데 이러한 인간의 욕망은 사실 아주 오래전부터 있었습니다. 창세기 11장의 유명한 바벨탑 이야기(창세 11,1-9)에 의하면, 인간은 이미 오래전부터 아주 높은 탑을 쌓아 하늘에까지 닿고 싶어 했습니다.

그림 38. AI 시대의 도래는 창조주의 자리를 바라는 욕망의 현실화일지도 모른다(AI 이미지).

인간은 예로부터 지금까지 끊임없이 하느님의 영역을 침범하고 싶어 했고, 하느님의 능력을 갖고 싶어 했습니다. 이것은 하느님을 닮고자 하는 순수한 신앙적 욕망이 결코 아닙니다. 바로 에덴동산에서 하와에게 "너희는 결코 죽지 않는다. 너희가 그것을 먹는 날, 너희 눈이 열려 하느님처럼 되어서 선과 악을 알게 될 줄을 하느님께서 아시고 그렇게 말씀하신 것이다."(창세 3,4-5)라며 선과 악을 알게 하는 열매를 따먹으라고 한 뱀(사탄)의 유혹의 결과인 것입니다.

> 우리의 첫 조상들이 불순명을 선택하게 된 배후에는, 하느님을 거스르는 유혹의 목소리가 있었다. 그 목소리는 질투심 때문에 그들을 죽음에 빠지게 하였다. 성경과 교회의 성전聖傳은 그 목소리에서 사탄 또는 악마라 불리는 타락한 천사를 본다. 교회는 그가 본래 하느님께서 창조하신 선한 천사였다고 가르친다. "악마와 모든 마귀는 하느님께서 본래 선하게 창조하셨지만 그들 스스로 악하게 되었다."
>
> 『가톨릭 교회 교리서』 391항

그림 39. 바벨탑, 피터르 브뤼헐, 1563년, 미술사 박물관, 빈, 오스트리아.

사탄은 '내가 하느님보다 못할 것이 뭐냐! 나도 하느님처럼 될 수 있다!'라는 마음을 품고서 스스로 하느님에게서 떨어져 나간 타락한 천사입니다. 그 사탄이 우리 인간의 마음속에 뿌려 놓은 씨앗이 바로 '내가 하느님보다 못할 것이 뭐냐! 나도 하느님처럼 될 수 있다!'라는 마음인 '교만pride'입니다. 겸손humility의 반대 개념인 교만은 사탄이 인간을 유혹하면서 우리 인간의 마음속에 뿌려 놓은 씨앗인 것입니다. 그래서 교회는 오래전부터 교만을 '죄종(罪種, 죄의 씨앗)' 중의 첫 번째, 즉 그 자체가 죄이자 동시에 인간이 스스로 범하는 모든 죄의 근원 중에서도 으뜸이라고 불러 왔습니다.

결국 AI가 몰고 온 모든 신앙적 도전들은 AI라는 기술 뒤에 숨어 하느님의 자리에 앉고자 하는 인간의 오랜 욕망, 즉 '교만의 마음'에서 나오는 것이라 할 수 있습니다. 그래서 이미 우리에게 닥친 AI 시대는 그 이전의 다른 어떤 시대보다도 도덕, 윤리가 강조되고, 피조물로서 인간의 위치에 대한 각성이 요구되는 시대인 것입니다. 바로 이 교만의 문제에 대해 프란치스코 교황은 2024년 제58차 홍보 주일 담화「인공 지능과 마음의 지혜: 온전한 인간 커뮤니케이션을 향하여」를 통해 다음과 같은 우려를 밝혔습니다.[69]

> 이는 그저 기계를 좀 더 인간적으로 보이게 하는 문제가 아니라 전능全能이라는 환상이 불러온 최면에서 인류를 깨우는 문제입니다. 이러한 환상은, 우리 인간이 모든 사회적 유대 관계에서 분리되고 피조물인 자기 처지를 잊은 채 완전히 자율적이고 자기중심적인 주체라는 믿음에 기반합니다. …
> 하느님 없이 하느님처럼 되고자 하였던 원초적 유혹(창세 3장 참조), 곧 하느님의 선물로 거저 받은 것을 다른 이들과 함께 누리기보다 혼자만의 힘으로 움켜쥐고자 하는 유혹은 이 모든 도구를 남용하게 할 수 있습니다.

만에 하나 Strong AI가 등장하게 된다면 교황의 이러한 심각한 우려는 단지 우려로 끝나지 않을 것입니다.

그럼에도 AI는 사람들의 마음을 현혹시키기 충분한 매력과 장점이 있습니다. 전문가들의 예상보다 급속하게 발

그림 40. AI를 추앙하는 인간들(AI 이미지).

전하는 AI는 해가 갈수록 여러 과학 기술 분야에서 두각을 나타낼 것이고, 고유의 이해력과 추론 능력을 바탕으로 사람들에게 강렬한 인상을 남길 것입니다. AI는 인간의 능력이 창조해 낸 최고의 피조물로 모든 이들에게 앞으로도 오랫동안 추앙받을 것입니다. 이렇게 AI가 본격적으로 우리의 삶에 깊이 침투하여 특유의 능력을 발휘할수록, 사람들은 우리가 해결하지 못한 모든 문제들을 과학이 해결해 줄 것이라는 유물론적 과학만능주의로 넘어갈 것이 분명해 보입니다.

특히 Strong AI는 교회에 다음과 같은 근본적인 질문들을 던져 줄 것입니다. 우리와 유사하면서 자신보다 더 지적인 능력을 지닌 존재인 Strong AI를 창조한 인간이 왜 우리를 창조한 창조주 하느님을 믿어야만 하는가? 충분한 능력을 지닌 존재인 인간이 왜 수백, 수천 년 전 조상들의 관점을 따라 하느님을 믿고, 그 가르침과 계명을 무조건적으로 수용하며, 이해가 안 되는 교리들을 받아들여야만 하는가? 비록 때가 되어 나의 육신은 노화로 죽더라도, 나의 기억 전부를 전기 신호로 AI에 저장할 수 있다면, 사실상 영원한 생명을 누리는 존재가 될 수 있을 텐데, 이런 AI 시대에 죽음 이후의 내세와 종말에 관한 교리가 과연 유효한 것인가? AI 시대에 모든 이들을 위한 대속과 십자가를 통한 구원, 참하느님이시며 참사람이신 우리의 구세주 예수 그리스도에 관한 교리가 받아들여질 수 있을까? 더 나아가 AI 시대에도 여전히 수수께끼 같은 삼위일체이신 하느님에 대한 교리를 받아들여야만 할까?

이렇게 꼬리를 무는 질문들을 자세히 살펴보면, AI 그 자체가 교회의 교의나 제도 등을 직접 변화시킬 가능성은 그다지 높아 보이지 않습니다. 하지만 앞선 질문들에 대해 교회가 구체적인 응답을 적절하게 제시하지 못한다면, AI 시대를 살아가는 인간들은 결국 AI 발전에 비례하게 무신론적 과학만능주의를 추종하면서 신앙과 종교적 감각을 잃어 갈 가능성이 높아질 것입니다.

결국 AI 시대의 도래와 혹여 있을지도 모를 Strong AI의 출현으로 교회가 받게 될 가장 심각한 도전은 AI의 발전에 비례해 사람들이 무신론적 과학만능주의를 추종하며, 신앙과 종교적 감각을 잃어 가는 것입니다. 이에 대해 만약 교회가 교회 고유의 가르침을 지속적으로 강조하는 적절한 대응 방식을 준비하지 않는다면, AI 시대의 본격적인 도래와 함께 교회는 AI의 영향력에 반비례하게 그 권위를 잃고, 역사의 뒤안길로 사라질 것입니다. 현재 교회가 가장 심각하게 대응해야 할 점은 AI 그 자체보다, AI 시대의 도래와 함께 점점 세를 얻어 갈 무신론적 과학만능주의라는 점을 반드시 명심해야 합니다.

AI 시대의 도래와 함께 교회가 무신론적 과학만능주의에 대해 어떤 가르침을 통해 어떻게 대응해야 할 것인지 모든 구성원들이 머리를 맞대고 구체적으로 준비해야만 하는 시점이 코앞으로 다가왔습니다. 바로 지금 이 순간은 교회의 적절한 응답과 결단이 반드시 필요한 시점입니다.

10장

AI로 인해 발생되는 문제들에 대한 교회의 대응

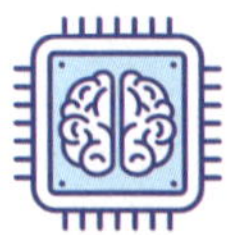

그렇다면 교회는 (Strong AI와 Weak AI를 막론하고) AI로 인해 발생하는 여러 문제들에 구체적으로 어떻게 대응해야 할까요? 여기서는 두 가지 대응책을 제시하고자 합니다.

1. AI 관련 윤리 문제에 대한 지속적인 목소리

교회는 AI의 오남용에 대해 지속적으로 분명한 목소리를 낼 필요가 있습니다. 이미 프란치스코 교황은 2024년 제57차 세계 평화의 날 담화「인공 지능과 평화」[70]에서 AI의 범세계적 규제를 촉구하는 발언을 했습니다. 이러한 발언

이야말로 교회가 이 세상을 위해 반드시 해야 하는 책무라고 생각합니다.

> 인공 지능의 전 세계적 규모는 그 국내 사용을 규제하는 주권 국가의 책임과 더불어 국제기구가 다자간 협약을 체결하고 그 적용과 집행을 조정하는 데 결정적인 역할을 할 수 있다는 사실을 분명히 보여 줍니다. 이와 관련하여 저는 다양한 유형의 인공 지능의 발전과 사용을 규제하는 구속력 있는 국제 조약을 채택하고자 여러 나라로 구성된 국제 공동체가 함께 힘써 주기를 권고합니다. 규제의 목적은 당연히 나쁜 관행의 방지만이 아니라 바람직한 관행을 장려하면서 새롭고 창의적인 접근 방식을 모색하고 개인적 집단적 제안들을 장려하는 것입니다.
>
> 디지털 기술 개발자들에게 윤리적 지침을 제공할 수 있는 규범적 모형을 찾는 과정에서, 필요한 법률적 틀을 형성하고 채택하여 적용하려는 사회의 헌신에 토대가 되어야 마땅한 인간의 가치에 대한 식별이 필수 요건입니다. 인공 지능의 유형들을 생산하기 위한 윤리

적 지침의 초안 작업에서 인간 존재의 의미와 기본 인권의 보호, 그리고 정의와 평화 추구에 관한 더욱 본질적인 문제들을 고려하지 않을 수 없습니다. 이러한 윤리적 법적 식별 과정은 개인과 공동체의 삶에서 기술이 수행하여야 하는 역할과 더욱 공평하고 인간적인 세상을 만드는 데에 공헌할 수 있는 그 사용 방법에 대한 성찰을 나누는 소중한 기회가 될 수 있습니다. 따라서 인공 지능의 규제에 관한 논의는 가난한 이들, 이주민들, 그리고 국제적 의사 결정 과정에서 흔히 무시되는 이들을 포함하여 모든 이해관계자의 목소리를 고려하여야 합니다.

그 후 교황은 앞서 언급한 제58차 홍보 주일 담화[71]를 통해 다음과 같이 언급했습니다.

인공 지능 체계는, 부분 또는 전부 거짓인 이야기를 마치 참인 것처럼 믿고 공유하게 만들면서 현실을 왜곡시키는 '인지적 오염'의 수단이 될 수 있습니다. 이에 대하여, 오래전부터 있어 온 가짜 뉴스의 형태를 띤 허위 정보 문제를 생각하여 보는 것으로도 충분할 것입니다. 오늘날에는 '딥페이크deepfake'를 활용한 허위 정보의 문제, 곧 완벽하게 진짜 같아 보이지만 거짓인 영상의 제작과 유포(저 또한 그 대상이 된 적이 있습니다.) 또는 어떤 이의 목소리를 이용하여 그 사람이 결코 발언한 적이 없는 것을 말하는 음성 메시지의 제작과 유포라는 문제가 있습니다. 이와 같은 프로그램의 기저에 있는 시뮬레이션 기술은 어떤 특수 분야에서는 유용할 수 있지만, 우리가 타인과 그리고 현실과 맺는 관계를 왜곡하는 곳에서는 타락하게 됩니다.

프란치스코 교황의 이러한 우려는 이제 우리 사회의 대단히 심각한 여러 범죄들로 드러나고 있습니다. 교황은 더 나아가 정보와 커뮤니케이션 분야의 여러 심각한 문제들에 대해서도 언급하고 있습니다.

정보와 커뮤니케이션 분야에 몸담고 있는 종사자들의 전문성과 존엄성 그리고 전 세계 사용자들의 존엄성을 보호하려면 어떻게 하여야 합니까? 플랫폼의 상호 운

용성을 보장하려면 어떻게 하여야 합니까? 디지털 플랫폼을 개발하는 기업이 전통 커뮤니케이션 매체의 편집자들과 마찬가지로 콘텐츠와 광고에 대한 책임을 받아들일 수 있게 하려면 어떻게 하여야 합니까? 색인의 생성과 해제를 위한, 그리고 인물이나 의견, 역사, 문화를 제시하거나 지워 버릴 수 있는 검색 엔진을 위한 알고리즘 작동 기준을 어떻게 하여야 더욱 투명하게 만들 수 있습니까? 정보 처리의 투명성을 어떻게 보장합니까? 글의 친저성親著性과, 익명성의 방패 뒤에 숨은 출처의 추적 가능성을 어떻게 확인합니까? 이미지나 동영상이 사건을 묘사하고 있는 것인지 아니면 가상으로 만들어진 것인지 어떻게 분명히 알 수 있습니까? 출처들이 단 하나로 축소되어, 알고리즘을 기반으로 개발되는 단일 접근 방식을 조장하지 않도록 하려면 어떻게 하여야 합니까? 다원성을 보존하고 복합적인 현실을 드러내는 데에 적합한 환경을 조성하려면 어떻게 하여야 합니까? 이처럼 매우 강력하지만 엄청난 비용이 들고 에너지 소모적인 기술을 지속 가능하게 만들려면 어떻게 하면 됩니까? 이 기술에 개발 도상국도 접근할 수 있게 하려면 어떻게 하여야 합니까?

바로 이러한 문제들에 대응하기 위해 교황은 구속력 있는 국제 조약의 채결을 제안했습니다.

인공 지능의 첫 물결인 소셜 미디어의 물결이 일기 시작한 때부터 우리는 그 양면성을 경험하여 왔습니다. 인공 지능의 가능성뿐만 아니라 그 위험성과 이에 따른 병폐도 경험하여 온 것입니다. 생성형 인공 지능의 두 번째 단계가 어떤 질적 도약을 보여 준다는 데에는 논란의 여지가 없지만, 그러하기에 잘못된 사람의 손에 들어가면 혼란스러운 상황으로 이어질 수 있는 수단들을 이해하고 평가하며 규제하는 것이 중요합니다. 인간의 지능과 기술로 생겨난 다른 모든 산물과 마찬가지로 알고리즘은 중립적이지 않습니다. 이러한 까닭에, 윤리적 규제의 모델들을 제시함으로써 예방 조치를 할 필요가 있습니다. 이는 인공 지능 체계의 사용에 따른 해롭고 차별적이며 사회적으로 부조리한 영향을 방지하기 위한 것입니다. 또한 다원성 감소나 여론 양극화, 획일적 사고 형성을 목적으로 하는 인공 지능 체계의 오용에 맞서기 위한 것입니다. 저는 "다양한 유형의 인공 지능의 발전과 사용을 규제하는 구속력 있는 국제 조약을 채택하고자 … 국제 공동체가 함께 힘써 주기를" 다시 한번 호소합니다.

사실 AI는 Strong AI가 아닌 이상 스스로 나쁜 짓을 저지를 능력이 없습니다. 인간이 코드를 짜고 엔터 키를 눌러 실행을 시켜야 비로소 무언가 작동을 하는 존재이기 때문입니다. 이미 살펴본 바와 같이 AI는 인간과 같은 욕구 및 자유 의지가 없기에, AI를 통해 어떤 범죄가 발생한다면 그 범죄는 AI가 아니라, 그 AI 뒤에 숨어서 AI를 실행시킨 인간이 저지른 것입니다. 따라서 AI의 윤리 문제는 바로 AI를 활용하는 인간의 윤리 문제입니다. AI를 활용하고 특정한 명령을 실행시키는 인간은 윤리적으로 선할 수도 있지만, 그렇지 않을 수도 있기 때문입니다.

프란치스코 교황이 언급한 "다양한 유형의 인공 지능의 개발과 사용을 규제하는 구속력 있는 국제 조약"은 바로 AI

사용자들을 위한 구속력 있는 국제법이어야 합니다. 이를 어길 경우 해외의 모든 경찰과 사법 기관들이 공조해 체포와 처벌이 이루어지는 수준의 법령이 필요합니다. 전 세계 대다수의 정치 지도자들도 이에 대한 공통의 문제의식을 갖고 있을 것이기에, 이러한 국제법의 제정은 조만간 이루어질 것으로 보입니다. 하지만 법령만으로 모든 문제가 해결되는 것은 아닐 것입니다. 사실 AI로 인해 일어나는 여러 문제는 평등과 불평등의 문제와 연관되어 있기에, 우리 인간 모두의 단호한 결단이 있어야 이런 문제들을 해결할 가능성이 열릴 것이기 때문입니다.

> 인공 지능이 정보 접근성에 기반한 새로운 사회 계급들을 만들어 낸다면 새로운 형태의 착취와 불평등을 야기할 수 있습니다. 아니면 이와 정반대로, 매우 체계적이고 다원적인 정보 네트워크 안에서 개인들과 민족들의 많은 요구를 인지할 수 있게 되면서 우리가 현재 겪고 있는 시대 변화에 대한 인식을 심화시키고 올바른 정보를 증진한다면, 인공 지능은 더 큰 평등으로 우리를 이끌 수 있습니다. 한편으로 우리가 새로운 종살

그림 41. 레오 14세 교황.

> 이 형태의 망령을 엿볼 수 있다면, 다른 한편으로 우리는 더 큰 자유의 수단을 그려 볼 수 있는 것입니다. 선택받은 소수가 다른 이들의 생각을 좌우할 가능성, 아니면 모든 사람이 생각을 발전시켜 나가는 데에 참여할 가능성, 이 둘 중 하나입니다.

2025년 5월 8일 새로운 교황으로 선출된 레오 14세 교황은 선출 직후 추기경들에게 한 공식 연설에서 '레오'라는 이름을 선택한 이유를 설명하면서 AI를 "인간 존엄성과 정의와 노동을 수호하는 데에 새로운 도전"으로 언급했습니다.[72]

> 저는 바로 이 길을 이어 가도록 부름받았음을 느끼면서 레오 14세라는 이름을 선택하였습니다. 다양한 이유가 있지만 그 주된 이유는 레오 13세 교황님께서 역사적인 회칙 「새로운 사태*Rerum Novarum*」를 통하여 제1차 산업 혁명의 상황에서 사회 문제를 다루셨기 때문입니다. 오늘날에도 교회는 인간 존엄성과 정의와 노동을 수호하는 데에 새로운 도전이 되는 또 다른 산업 혁명과 인공 지능 분야의 발전에 대응하기 위하여

사회 교리라는 교회의 유산을 모든 이에게 전하고 있습니다.

이틀 후인 5월 12일 언론인들과의 공개 간담회에서는 AI에 대해 다음과 같이 지적했습니다.[73]

오늘날 가장 중요한 도전 중 하나는 이데올로기나 당파적 성향이 강한 사랑 없는 언어의 혼란, 즉 우리 자신이 종종 갇혀 있는 '바벨탑'에서 벗어날 수 있도록 소통을 증진하는 것입니다. … 소통은 정보의 전달뿐만 아니라 대화와 토론의 장이 되는 인간적 환경과 디지털 환경의 문화를 조성하는 것이기도 합니다. 기술의 발전을 살펴보면 이러한 사명은 더욱더 필수적입니다. 저는 특히 AI를 염두에 두고 있습니다. AI는 엄청난 잠재력을 갖고 있지만, 그럼에도 모든 이들의 선을 위해 사용하려면 책임감과 분별력이 필요합니다. 그래야 인류 전체에게 이로운 것이 될 수 있기 때문입니다. 이러한 책임은 각자의 나이와 사회적 역할에 비례해 모든 이들에게 주어집니다.

이와 같이 향후 전 세계적인 AI의 활용으로 인해 일어날 윤리적인 문제들에 대해 가장 분명한 목소리를 내야 할 곳이 바로 교회입니다. 비록 많은 이들이 외면할지도 모르는 '광야에서의 외침'에 불과하다 하더라도, 교회는 이 문제에 대해 제 목소리를 확실하게 내야 할 것입니다.

다행히도 가톨릭 교회는 AI 활용으로 인한 심각한 윤리 문제에 대응하기 위해 이미 적극적인 활동을 하고 있습니다. 그 단적인 예가 바로 교황청립 생명학술원이 2020년 2월 28일「AI 윤리를 위한 로마의 호소」(Rome Call for AI Ethics, 이하「로마의 호소」)[74]를 발표한 것입니다. 이 발표문에 의하면, AI는 의료, 교육, 산업 등 다양한 분야에서 혁신을 불러오지만, 동시에 개인 정보 침해, 편향성, 자동화에 의한 일자리 감소 등의 윤리적 문제를 일으킬 수도 있습니다. 이러한 문제를 해결하기 위해「로마의 호소」는 AI의 개발과 사용에 있어 보편적 가치를 존중하고, 인간의 존엄성을 보호하기 위한 6가지 원칙을 제시했습니다.

① 투명성Transparency: AI 시스템은 원칙적으로 설명 가능

해야 한다.

② 포용성Inclusion: 온 인류의 요구가 반영되어 모두가 혜택을 누릴 수 있어야 하며, 모든 개인은 자신을 표현하고 성장해 나갈 수 있도록 가능한 최상의 조건을 제공받을 수 있어야 한다.

③ 책임감Responsibility: AI의 활용을 설계하고 배포하는 사람들은 책임감을 갖고 투명하게 이를 진행해야 한다.

④ 공정성Impartiality: 편견에 따라 만들어 내거나 행동하지 않음으로써 공정성과 인간의 존엄성을 보호해야 한다.

⑤ 신뢰성Reliability: AI 시스템은 신뢰할 수 있게 작동되어야 한다.

⑥ 보안 및 사생활 보호Security and Privacy: AI 시스템은 안전하게 작동되어야 하며 이용자들의 사생활을 존중해야 한다.

「로마의 호소」는 인간 중심의 AI 발전을 위해 필요한 윤리적 원칙을 제시함으로써, 기술이 인류 전체의 복지와 발전에 기여하도록 방향성을 제시하고 있습니다.[75] 아울러 앞서 살펴본 바와 같이, 2025년 1월 28일에는 교황청 신앙교리부와 문화교육부가 공동으로 「옛것과 새것」[76]을 발표했습니다. 이 문헌은 교육, 경제, 노동, 보건, 인간관계, 그리고 전쟁 분야에서 AI 발전이 가져오는 도전과 기회를 설명하면서, AI의 윤리적 발전과 활용에 대한 지침을 제공하려는 목적으로 작성되었습니다.

「로마의 호소」와 「옛것과 새것」의 주요 내용을 전 세계의 모든 AI 관계자들과 각국 정부가 AI 발전에 관한 실천 규범으로 받아들인다면, 현재 우리가 우려하는 AI에 관한 윤리적 문제들은 우리의 예상보다 더 지혜롭게 해결할 수 있지 않을까 하는 기대를 해 봅니다.[77]

2. 과학만능주의의 확산에 대한 경계

교회는 AI의 발전이 자연스럽게 몰고 올 과학만능주의의 확산에 대해서도 상당히 신경을 써야 합니다. 과학만능주의를 태동시킨 자연 과학은 그 대상이 원자든, 박테리아든, 천체든 궁극적으로 '물질'을 대상으로 하는 학문이기에,

'유물론materialism'으로 흘러갈 가능성이 크다는 것을 교회는 반드시 염두에 두어야 합니다. 과학사의 전체 흐름을 살펴보면, 18세기에 태동해 현재의 자연 과학으로 발전한 '계몽주의 과학enlightenment science'[78] 및 19세기에 크게 발전한 '진화론evolutionary theory'[79]이 인간을 물질로 보는 유물론적 관점에서 출발한 것임을 우리는 이미 알고 있습니다.

특히 2장에서 언급했던 AI의 시작점인 매컬러-피츠의 논문과 9장에서 언급했던 꼬리를 무는 질문들을 살펴보면, 그 밑바탕에는 인간은 오직 물질로 구성되어 있다는 유물론적 사고가 깔려 있다는 점을 결코 간과해서는 안 됩니다. AI는 유물론적 사고의 토대 위에 쌓은 바벨탑인 것입니다. 그래서 인간에게 죽음 이후 육신과 분리되는 불멸의 존재인 '영혼'이 있다는 점을, 교회는 AI 시대에도 여전히, 지속적으로 강조해야 합니다.

> 교회는 사후에 의식과 의지를 지닌 영적 요소*elementi spiritualis*가 지속되고 존속한다고 주장한다. 따라서 "인간적 자아*ego humanum*" 자체가 그 사이에 육체

의 보완이 결여된 채(*interim tamen complemento sui corporis carens*) 존속하는 것이다. 이 요소를 가리켜 교회는 "영혼*anima*"이라는 단어를 쓰는데, 이것은 성경과 성전에서 사용하여 받아들여졌다. 교회는 비록 이 단어가 성경에서 여러 가지 의미를 띠고 있다는 것을 모르지는 않지만 이 단어를 배척해야 할 타당한 이유가 없다고 생각한다. 그뿐 아니라 교회는 그리스도교 신자들의 신앙을 견지하기 위해서는 언어적 도구가 절대 필요하다고 판단한다.

『덴칭거 4653항』

바로 이 '영혼'이라는 형이상학적 존재에 대해 더욱 현대적인 가르침을 교회가 제시하고, 기존의 신학적 인간학의 핵심 내용이 지속될 수 있을 때, 비로소 교회는 AI 시대에도 여전히 자신의 위치를 유지할 수 있을 것입니다. 교회는 이제부터 영혼을 비롯한 여러 형이상학적 개념과 교회의 주요 교리들을 과학만능주의의 영향을 받은 일반인들에게 적절한 개념과 언어 등을 사용해 더 설득력 있게 전달하는 '새로운 교리 교수법'을 심각하게 고민해 봐야 할 것입니다.

이것이 AI 시대의 도래에 대한 교회의 가장 중요한 대응 방안이 될 것입니다.

아울러 저의 저서 『과학과 신앙 사이』에서 다루었던 내용을 다시 한번 언급해 보고자 합니다.

> 이제 과학이 설명할 수 없는 현상인 '기적'의 현상에 대해 살펴보고자 합니다. 우리가 잘 아는 바와 같이 교회 역사를 통해 수많은 기적들이 있었습니다. 예수 그리스도께서 행하셨던 여러 기적들, 예수 그리스도 본인의 부활과 승천 사건, 사도들과 성인들이 행한 수많은 기적들, 예수님과 성모님의 발현 등등 말입니다. 하지만 이러한 기적들이 교회의 역사 안에서 수없이 많이 일어났음에도 불구하고 우리는 기적에 대해 무시하거나 의심하는 경향이 있습니다.
>
> 그런데 우리 교회에는 공식적으로 확인된 기적이 실제로 많이 있습니다. 이것은 무엇을 의미하는 것일까요? 바로 과학의 영역 바깥에 있는 초자연적 사건들이 있다는 의미이고, 이는 다시 말하면 정말 하느님께서 계

시다는 의미인 것입니다. 과학만능주의자들은 자연스럽게 무신론을 주장하지만, 확실한 기적 몇 가지만 우리가 갖고 있다면 무신론적 과학만능주의는 뿌리를 내리지 못한 채 사라지게 될 것입니다. 기적은 바로 과학만능주의를 무너뜨릴 확실한 도구인 것입니다. …

기적의 존재는 과학으로 설명 불가능한 '초자연성'이 우리가 사는 이 세상에 실제로 존재한다는 확실한 증거가 됩니다. 가톨릭 교회에는 현재 매년 10명 내외의 복자 및 성인들이 탄생하고 있습니다. 따라서 우리는 교회에 의해서 확실히 '기적'으로 승인된 대단히 많은 기적들을 접하고 있는 것입니다. 우리가 사는 이 세상은 과학으로 설명 불가능한 초자연적 세상, 기적으로 채워지고 있는 세상이라는 점을 우리는 기억할 필요가 있습니다.

초자연성이라는 것은 분명히 존재하는 것입니다. 그리고 이 기적들은 '하느님께서 분명히 계시다!'라는 점을 우리에게 확실히 보여 주고 있습니다. 그렇기 때문에 우리에게는 여전히 신앙이 필요한 것입니다. 21세기 과학 시대에서도 여전히 신앙은 필요한 것입니다.[80]

21세기의 AI 시대에도 하느님께서 여전히 살아 계시고, 왕성하게 활동하신다는 가장 구체적인 증거들은 바로 전 세계 곳곳에서 지금 이 시간에도 일어나고 있는 여러 생생한 기적들을 통해 얼마든지 확보할 수 있습니다. 당장 2025년 레오 14세 교황이 시성한 성 카를로 아쿠티스(Carlo Acutis, 1991-2006년)만 하더라도, 시복과 시성 과정에서 두 건의 기적이 승인되었습니다. 첫 번째 기적은 2013년 선천적 췌장 질환으로 고통받던 브라질의 여섯 살 소년 마테우스가 치유된 기적이었고, 두 번째 기적은 2022년 이탈리아 피렌체로 유학을 온 코스타리카 여성 발레리아가 사고로 중태에 빠진 후 건강을 회복한 기적이었습니다.

교회 차원에서 공식적으로 승인된 여러 기적들을 강조함으로써 하느님의 존재를 설명하는 것은 AI 시대의 도래에 따라 급속도로 유물론적, 무신론적 분위기의 침공을 받고 있는 교회가 할 수 있는 가장 중요한 또 하나의 대응 방안이라고 생각합니다.

맺는 말

지금까지 살펴본 모든 내용을 종합해 정리한다면, 우리가 앞으로 살아가게 될 AI 시대에 대해 다음과 같은 네 가지 결론에 다다를 수 있을 것입니다.

우리가 앞으로 살아가게 될 AI 시대는 인류 역사상

① 가장 높은 수준의 도덕의식과 윤리의식을 요구하는 시대이다.

② 가장 높은 수준의 환경 · 생태적 감각을 요구하는 시대이다.

③ 가장 높은 수준의 겸손을 요구하는 시대이다.

④ 가장 높은 수준의 신앙적 감각을 요구하는 시대이다.

프란치스코 교황은 앞서 언급한 제58차 홍보 주일 담화의 말미에서 이렇게 언급했습니다. "우리가 알고리즘의 먹잇감이 될 것인지, 아니면 지혜를 기르는 데에 반드시 필요한 자유로 우리 마음에 자양분을 줄 것인지는 우리에게 달린 것입니다." AI 시대가 막 도래한 이 시점에, 정말 시의적절한 지적이 아닐 수 없습니다.

그래서 이미 도래한 AI 시대에서 앞으로 살아가게 될 우리 모두에게 주어진 화두는 다음과 같습니다.

– AI에 대한 지나친 의존으로 인해 결국 알고리즘의 먹잇감으로 전락할 것인가?
– AI를 인간의 삶에 유용한 도구로서 적절히 활용할 것인가?

이제 우리 앞에는 두 갈래의 길이 놓여 있습니다. 우리 스스로를 **알고리즘의 먹잇감으로 전락시키는 길**과 **AI를 인간의 삶에 유용한 도구로 적절히 활용하는 길**입니다. 양자택일을 해야 하는 현 상황에서 우리는 과연 어떤 길을 선택

해야 할까요? 이 질문은 Strong AI의 출현과 상관없이 우리 모두와 우리 교회가 반드시 대면하고 자문해야만 하는 질문입니다. 지혜의 성령께서 우리 앞에 놓인 두 길 중에 올바른 길로 안내해 주시기를 바랍니다.

그림 42. 우리 앞에는 두 갈래 길이 놓여 있다(AI 이미지).

주註 · 참고 문헌

주註

1. ChatGPT: https://chatgpt.com/
2. 로봇 페퍼(Pepper): https://www.youtube.com/watch?v=rkjOFnTJfZ4
3. 로봇 블레스유투(BlessU-2): https://www.youtube.com/watch?v=JTK68l2BHtE
4. 로봇 민다르(Mindar): https://www.youtube.com/watch?v=Y3VuHpYPU6Y
5. 로봇 산토(SanTO): https://www.youtube.com/watch?v=JE85PTDXARM
6. 김도현, "AI 시대의 도래와 교회의 미래: AI의 현실에 관한 분석과 교회에 끼칠 영향 진단", 『신학전망』 216(2022년), 79-118쪽.
7. 참조: 신상규, "인공지능은 자율적 도덕행위자일 수 있는가?", 『철학』 132(2017년), 265-292쪽; 고인석, "인공지능이 자율성을 가진 존재일 수 있는가?", 『철학』 133(2017년), 163-187쪽; 이중원 외 8인, 『인공지능의 존재론』, 한울아카데미, 2018; 이중원 외 8인, 『인공지능의

윤리학』, 한울아카데미, 2019; 이상욱, "인공지능의 도덕적 행위자로서의 가능성: 쉬운 문제와 어려운 문제", 『철학연구』 125(2019년), 259-279쪽; 이상욱, "인공지능과 실존적 위험: 비판적 검토", 『인간연구』 40(2020년), 107-136쪽; 최경석, "인공지능이 인간 같은 행위자가 될 수 있나?", 『생명윤리』 21(2020년), 71-85쪽; 신은화, "AI 시대 인간의 정체성과 소외", 『동서인문』 15(2021년), 5-42쪽; 김건우, "인공지능 법인격 논쟁 다시 보기: 철학적 분석", 『법철학연구』 26(2023년), 205-246쪽.

8. Intelligence를 보통 '지능'으로 번역하지만, 이 책에서 우선은 '이성적 능력'이라고 번역한 후, 4장부터는 '이해력'이라고 번역할 것이다. 그 이유는 4장에서 자세히 설명할 것이다.
9. Warren S. McCulloch and Walter Pitts, "A logical calculus of the ideas immanent in nervous activity", *Bulletin of Mathematical Biophysics* 5(1943), 115-133.
10. 참조: Daniel Crevier, *AI: The Tumultuous Search for Artificial Intelligence*, New York: BasicBooks, 1993, 34-36; Stuart Russell and Peter Norvig, *Artificial Intelligence: A Modern Approach*, London: Pearson, 2020[4], 17.
11. Stuart Russell and Peter Norvig, 앞의 책, 18; 다트머스 학회에 관한 더욱 상세한 내용에 대해서는 다음 참조: Daniel Crevier, 앞의 책, 48-50; Pamela McCorduck, *Machines Who Think: A Personal Inquiry into the History and Prospects of Artificial Intelligence*, Natick: A K Peters, Ltd., 2004, 111-136.

12. AAAI: https://aaai.org/

13. J.J. Hopfield, "Neural networks and physical systems with emergent collective computational abilities", *Proceedings of the National Academy of Sciences USA* 79(1982), 2554-2558.

14. 필자가 2017년에 기존의 ANN 모델과 '척도 없는 네트워크scale-free networks'를 결합해서 소개한 새로운 ANN 모델은 기존의 홉필드 모델보다 인간의 두뇌와 더욱 유사한 구조를 가지도록 만든 ANN 모델로서 기존의 ANN 모델들보다 저장 용량이 훨씬 늘어나는 특징을 보인다. Do-Hyun Kim, Jinha Park and Byungnam Kahng, "Enhanced storage capacity with errors in scale-free Hopfield neural networks: An analytical study", *PLOS ONE* 12(2017), e0184683 참조.

15. 참조: Giorgio Parisi, "A memory which forgets", *Journal of Physics A: Mathematical and General* 19(1986), L617-L620; D.J. Amit, *Modeling brain function: The world of attractor neural networks*, Cambridge: Cambridge University Press, 1989; John Hertz, Anders Krogh and Richard G. Palmer, *Introduction to the Theory of Neural Computation*, Redwood City: Addison-Wesley Publishing Company, 1990; Daniel Graupe, *Principles of Artificial Neural Networks*, New Jersey: World Scientific, 2007[2].

16. David H. Ackley, Geoffrey E. Hinton and Terrence J. Sejnowski, "A learning algorithm for Boltzmann machines", *Cognitive Science* 9(1985), 147-169.

17. David E. Rumelhart, Geoffrey E. Hinton and Ronald J. Williams, "Learning representations by back-propagating errors", *Nature* 323(1986), 533-536.
18. Pamela McCorduck, 앞의 책, 480-481 참조.
19. Stephen Baker, *Final Jeopardy: Man vs. Machine and the Quest to Know Everything*, New York: Houghton Mifflin Harcourt, 2011 참조.
20. AlphaGo - The Movie: https://www.youtube.com/watch?v=WXuK6gekU1Y
21. David Silver et al., "Mastering the game of Go without human knowledge", *Nature* 550(2017), 354-359. 특히 356-358 참조.
22. Julian Schrittwieser et al., "Mastering Atari, Go, chess and shogi by planning with a learned model", *Nature* 588(2020), 604-609 참조.
23. John Jumper et al., "Highly accurate protein structure prediction with AlphaFold", *Nature* 596(2021), 583-589 참조.
24. Alphafold: https://alphafold.ebi.ac.uk/
25. Claude: https://claude.ai/new
26. Perplexity: https://www.perplexity.ai/
27. Gemini: https://gemini.google.com/
28. Copilot: https://copilot.microsoft.com/
29. Grok: https://grok.com/
30. Stuart Russell and Peter Norvig, 앞의 책, 651-720 참조.
31. Daniel Graupe, 앞의 책, 1-231 참조.
32. 참조: Stuart Russell and Peter Norvig, 앞의 책, 750-788; Yann

LeCun, Yoshua Bengio and Geoffrey Hinton, "Deep learning", *Nature* 521(2015), 436-444; Ian Goodfellow, Yoshua Bengio and Aaron Courville, *Deep Learning*, Cambridge: MIT Press, 2016; Eugene Charniak, *Introduction to Deep Learning*, Cambridge: MIT Press, 2019.

33. Stuart Russell and Peter Norvig, 앞의 책, 653-657 참조.
34. 같은 책, 775-782 참조.
35. 참조: 같은 책, 789-822; Richard S. Sutton and Andrew G. Barto, *Reinforcement Learning: An Introduction*, Cambridge: MIT Press, 2018[2].
36. 아우구스티누스, 『삼위일체론』, 성염 역, 분도출판사, 2015년, 826-829쪽 참조. 여기서 *memoria, intelligentia* 및 *voluntas*는 인간의 정신이 가지고 있는 세 가지 '능력'에 해당하기 때문에 기억'력', 이해'력', 의지'력'으로 번역했음을 밝힌다.
37. 같은 책, 828-833쪽 참조.
38. 같은 책, 832-835쪽 참조.
39. 교황청 신앙교리부 · 교황청 문화교육부, "*Antiqua et Nova*: Note on the Relationship Between Artificial Intelligence and Human Intelligence"(2025.1.28.), 14항(저자 직역).
40. 같은 글 13-15, 21, 30-35항 참조.
41. 같은 글 31-32항(저자 직역).
42. "The very use of the word 'intelligence' can prove misleading." 프란치스코 교황, 제58차 홍보 주일 담화「인공 지능과 마음의 지혜:

온전한 인간 커뮤니케이션을 향하여』(2024.5.12.)

43. 참조: 이병규, "인공지능(AI) 법률서비스에 대한 변호사법 제109조 제1호 적용 여부에 관한 고찰", 『법학연구』 18(2018년), 131-158쪽; 전정현 · 김병필, "인공지능과 법률 서비스", 『저스티스』 170/1(2019년), 218-258쪽.

44. 참조: Zoheir Ezziane, "Applications of Artificial Intelligence in bioinformatics: A review", *Expert Systems with Applications* 30(2006), 2-10; F. Jiang et al., "Artificial Intelligence in healthcare: past, present and future", *Stroke and Vascular Neurology* 2(2017), e000101; Neelima Arora, Amit K. Banerjee and Mangamoori L Narasu, "The role of Artificial Intelligence in tackling COVID-19", *Future Virology* 15(2020), 717-724.

45. T.H. Irwin, "Who Discovered the Will?", *Philosophical Perspectives* 6(1992), 453-473 참조. 임마누엘 칸트(Immanuel Kant, 1724-1804) 역시 의지에 관한 이 정의에 동의한다. Stephen Engstrom, "Reason, desire, and the will", *Kant's Metaphysics of Morals: A Critical Guide*, ed. Lara Denis, Cambridge: Cambridge University Press, 2010, 28-50 참조.

46. 바티스타 몬딘, 『성 토마스 개념사전』, 이재룡 · 안소근 · 윤주현 역, 한국성토마스연구소, 2021년, 539쪽.

47. 같은 책, 540쪽.

48. 참조: Ernest Davis and Gary Marcus, "Commonsense reasoning and commonsense knowledge in Artificial Intelligence",

Communications of the ACM 58(Sep. 2015), 92-103; Niket Tandon, Aparna S. Varde and Gerard de Melo, "Commonsense Knowledge in Machine Intelligence", *ACM SIGMOD Record* 46(Dec. 2017), 49-52. 한편 빌 게이츠(Bill Gates, 1955년–현재)와 함께 마이크로소프트사를 공동 창업한 인물인 폴 앨런(Paul Allen, 1953-2018년)은 사망 전인 2018년 2월에 AI의 상식 문제를 전문적으로 연구하기 위해 Allen Institute for Artificial Intelligence에서 'Project Alexandria'라는 프로젝트를 진행하도록 3년간 1억 2천 5백만 달러를 기증한 바가 있다. 다음의 기사를 참조할 것:
"Paul Allen Wants to Teach Machines Common Sense", *The New York Times* (2021.2.28.): https://www.nytimes.com/2018/02/28/technology/paul-allen-ai-common-sense.html
"Can you teach AI common sense?", *VentureBeat* (2021.7.27.): https://venturebeat.com/2021/07/27/can-you-teach-ai-common-sense/

49. 바티스타 몬딘, 앞의 책, 386.
50. Rosalind Picard, *Affective Computing*, Cambridge: MIT Press, 2000 참조.
51. 테이 사건에 관해서는 다음의 기사들을 참조할 것:
"Tay, the neo-Nazi millennial chatbot, gets autopsied", *Ars Technica* (2016.3.2.): https://arstechnica.com/information-technology/2016/03/tay-the-neo-nazi-millennial-chatbot-gets-autopsied/

"Microsft Takes Chatbot Offlines After It Starts Tweeting Racist Messages", *TIME* (2016.3.24.): https://time.com/4270684/microsoft-tay-chatbot-racism/
"Microsoft Apologizes (Again) for Tay Chatbot's Offensive Tweets", *PCMag* (2016.3.25.): https://www.pcmag.com/news/microsoft-apologizes-again-for-tay-chatbots-offensive-tweets
"Microsoft and the learnings from its failed Tay Artificial Intelligence bot", *ZDNet* (2019.7.24.): https://www.zdnet.com/article/microsoft-and-the-learnings-from-its-failed-tay-artificial-intelligence-bot/

52. 이루다 이슈 관련 스캐터랩의 입장문은 다음의 기사를 참조할 것: "인공지능 '이루다' 서비스 전격 중단!… 입장문 통해 밝혀", 인공지능신문 (2021.1.11.): http://www.aitimes.kr/news/articleView.html?idxno=18912
53. 바티스타 몬딘, 앞의 책, 198-203 참조.
54. 같은 책, 427.
55. 이상섭, 『악과 죄종: 토마스 아퀴나스의 「악에 대한 토론문제집」 풀어 읽기』, 서강대학교출판부, 2021년, 65쪽 참조.
56. 김도현, 『과학 시대에도 신앙은 필요한가: 과학만능주의 시대, 신앙의 의미 탐구』, 생활성서사, 2023년 참조.
57. Geoffrey Hinton, Nobel Prize in Physics 2024 - Banquet speech: https://www.youtube.com/watch?v=-f5WQAk3dYo
58. 트럼프 대통령의 딥페이크 사진에 관해서는 다음 기사를 참조

할 것: "Eerie deepfakes claiming to show Trump's arrest spread across Twitter", *New York Post* (2023. 3. 22.): https://nypost.com/2023/03/22/chilling-deepfakes-claiming-to-show-trumps-arrest-spread-across-twitter/

59. 프란치스코 전 교황의 딥페이크 사진에 관해서는 다음 기사를 참조할 것: "Fake photos of Pope Francis in a puffer jacket go viral, highlighting the power and peril of AI", *CBS News* (2023. 3. 28): https://www.cbsnews.com/news/pope-francis-puffer-jacket-fake-photos-deepfake-power-peril-of-ai/
60. Midjourney: https://www.midjourney.com/
61. 구글이 우리 정부에 1:5000 축적의 정밀 지도를 요청한 일에 관해서는 다음의 기사들을 참조할 것: "한국 골목길에 왜 이리 꽂혔나…구글이 벌인 '3차 지도전쟁'", 중앙일보 (2025.4.2.) https://www.joongang.co.kr/article/25325440; "구글 정밀지도 반출 요구…정부, 8월 결론낸다", 한국경제 (2025.5.11.) https://www.hankyung.com/article/2025051152711
62. 미국이 휴머노이드 AI 로봇을 무려 10만 대 규모로 전장에 실전 배치하려는 움직임에 관해서는 다음의 기사를 참조할 것: "US firm unveils plan for 100,000-strong humanoid robot army to counter China", *Interesting Engineering* (2025. 2. 3.): https://interestingengineering.com/innovation/figure-ai-mass-producing-robot

    중국이 휴머노이드 AI 로봇을 전장에 실전 배치하려는 움직임에 관해서는 다음의 기사를 참조할 것: "China's military aims to harness the coming 'ChatGPT for robotics'", *Defence One* (2025. 4. 24): https://www.defenseone.com/technology/2025/04/chinas-military-aims-harness-coming-chatgpt-robotics/404811/

63. Helix Logistics: https://www.youtube.com/watch?v=f6ChFc8eUuo
64. Bill Gates Exclusive Interview on Future of Tech, AI & Global Impact | Bill Gates Latest Interview: https://www.youtube.com/watch?v=Iq1yfTbrWyw&t=4s
65. "Elon Musk says that in 10 to 20 years, work will be optional and money will be irrelevant thanks to AI and robotics", *Fortune* (2025, 11. 20): https://fortune.com/2025/11/20/elon-musk-tesla-ai-work-optional-money-irrelevant/
66. Vivian Lee, "The Impact of GenAI on Electricity: How GenAI is Fueling the Data Center Boom in the U.S.": https://www.linkedin.com/pulse/impact-genai-electricity-how-fueling-data-center-boom-vivian-lee
67. Thijs Van de Graaf, "Inside the AI-Led Resource Race", *Finance & Development Dec.* 2025, 34-37 참조.
68. Godfather of AI Geoffrey Hinton Predicts Superintelligence in 5-20 Years! | AI1G: https://www.youtube.com/watch?v=wuH9l2wDnXw
69. 프란치스코 교황, 2024년 제58차 홍보 주일 담화 "AI와 마음의 지혜: 온전한 인간 커뮤니케이션을 향하여" (2024.5.12.): https://cbck.

or.kr/Documents/Messages?doc=20241096&sub=SP130

70. 프란치스코 교황, 2024년 제57차 세계 평화의 날 담화 "인공 지능과 평화" (2024.1.1.): https://cbck.or.kr/Documents/Messages?doc=20230639&sub=SP010
71. 프란치스코 교황, 2024년 제58차 홍보 주일 담화 "AI와 마음의 지혜: 온전한 인간 커뮤니케이션을 향하여" (2024.5.12.): https://cbck.or.kr/Documents/Messages?doc=20241096&sub=SP130
72. 교황 레오 14세, 추기경단에게 하신 연설 (2025.5.10.): https://cbck.or.kr/Documents/Pope/20250270
73. Pope Leo XIV, "Audience of the Holy Father to representatives of the media" (2025.5.12.): https://www.vatican.va/content/leo-xiv/en/speeches/2025/may/documents/20250512-media.html
74. 교황청 생명학술원, "Rome Call for AI Ethics" (2020.2.28.): https://www.vatican.va/roman_curia/pontifical_academies/acdlife/documents/rc_pont-acd_life_doc_20202228_rome-call-for-ai-ethics_en.pdf
75. 방종우, "「AI 윤리에 관한 로마의 호소」에 나타난 윤리적 원칙들에 대한 고찰", 『인격주의 생명윤리』 12(2022년), 29-69쪽 참조.
76. 교황청 신앙교리부 · 교황청 문화교육부, "*Antiqua et Nova*".
77. 방종우, "AI 기술에 대한 윤리적 성찰: 그리스도교 윤리를 중심으로", 『가톨릭철학』 44(2025년), 281-321쪽 참조.
78. Iwan Rhys Morus ed., *The Oxford Illustrated History of Science*, Oxford: Oxford University Press, 2017, 180-210 참조.

79. 같은 책, 280-312 참조.

80. 김도현, 『과학과 신앙 사이: 물리학자 김도현 신부가 들려주는 과학 시대의 신앙』, 생활성서사, 2022년, 152-157쪽.

성경 및 교회 문헌

『가톨릭 교회 교리서』, 주교회의 교리교육위원회 역, 한국천주교주교회의, 2003.

『성경』, 한국천주교주교회의, 2006.

『하인리히 덴칭거: 신경, 신앙과 도덕에 관한 규정 · 선언 편람 제44판』, 한국천주교주교회의 덴칭거 책임번역위원회 옮김, 한국천주교주교회의, 2017.

Pope Leo XIV, "Audience of the Holy Father to representatives of the media"(2025.5.12.)

교황청 생명학술원, "Rome Call for AI Ethics"(2020.2.28.)

교황청 신앙교리부 · 교황청 문화교육부, "*Antiqua et Nova*: Note on the Relationship Between Artificial Intelligence and Human Intelligence"(2025.1.28.)

레오 14세 교황, 추기경단에게 하신 연설(2025.5.10.)

프란치스코 교황, 2024년 제57차 세계 평화의 날 담화 "인공 지능과 평화"(2024.1.1.)

프란치스코 교황, 2024년 제58차 홍보 주일 담화 "AI와 마음의 지혜: 온전한 인간 커뮤니케이션을 향하여"(2024.5.12.)

단행본

Amit, D.J., *Modeling brain function: The world of attractor neural networks*, Cambridge: Cambridge University Press, 1989.

Baker, Stephen, *Final Jeopardy: Man vs. Machine and the Quest to Know Everything*, New York: Houghton Mifflin Harcourt, 2011.

Charniak, Eugene, *Introduction to Deep Learning*, Cambridge: MIT Press, 2019.

Crevier, Daniel, *AI: The Tumultuous Search for Artificial Intelligence*, New York: BasicBooks, 1993.

Engstrom, Stephen, "Reason, desire, and the will", *Kant's Metaphysics of Morals: A Critical Guide*, ed. Denis, Lara, Cambridge: Cambridge University Press, 2010, 28-50.

Goodfellow, Ian, Yoshua Bengio and Aaron Courville, *Deep Learning*, Cambridge: MIT Press, 2016.

Graupe, Daniel, *Principles of Artificial Neural Networks*, New Jersey: World Scientific, 2007[2].

Hertz, John, Anders Krogh and Richard G. Palmer, *Introduction to the Theory of Neural Computation*, Redwood City: Addison-Wesley Publishing Company, 1990.

McCorduck, Pamela, *Machines Who Think: A Personal Inquiry into the History and Prospects of Artificial Intelligence*, Natick: A K Peters, Ltd., 2004.

Morus, Iwan Rhys, ed., *The Oxford Illustrated History of Science*, Oxford: Oxford University Press, 2017.

Picard, Rosalind, *Affective Computing*, Cambridge: MIT Press, 2000.

Russell, Stuart and Peter Norvig, *Artificial Intelligence: A Modern Approach*, London: Pearson, 2020[4].

Sutton, Richard S. and Andrew G. Barto, *Reinforcement Learning: An Introduction*, Cambridge: MIT Press, 2018[2].

김도현, 『과학과 신앙 사이: 물리학자 김도현 신부가 들려주는 과학 시대의 신앙』, 생활성서사, 2022년.

김도현, 『과학 시대에도 신앙은 필요한가: 과학만능주의 시대, 신앙의 의미 탐구』, 생활성서사, 2023년.

몬딘, 바티스타, 『성 토마스 개념사전』, 이재룡 · 안소근 · 윤주현 역, 한국성토마스연구소, 2021년.

아우구스티누스, 『삼위일체론』, 성염 역, 분도출판사, 2015년.

이상섭, 『악과 죄종: 토마스 아퀴나스의 「악에 대한 토론문제집」 풀어 읽기』, 서강대학교출판부, 2021년.

이중원 외 8인, 『인공지능의 윤리학』, 한울아카데미, 2019년.

이중원 외 8인, 『인공지능의 존재론』, 한울아카데미, 2018년.

논문

Ackley, David H., Geoffrey E. Hinton and Terrence J. Sejnowski, "A learning algorithm for Boltzmann machines", *Cognitive Science* 9(1985), 147-169.

Arora, Neelima, Amit K. Banerjee and Mangamoori L. Narasu, "The role of Artificial Intelligence in tackling COVID-19", *Future Virology* 15(2020), 717-724.

Davis, Ernest and Gary Marcus, "Commonsense reasoning and commonsense knowledge in Artificial Intelligence", *Communications of the ACM* 58(Sep. 2015), 92-103.

Ezziane, Zoheir, "Applications of Artificial Intelligence in bioinformatics: A review", *Expert Systems with Applications* 30(2006), 2-10.

Hopfield, J.J., "Neural networks and physical systems with emergent collective computational abilities", *Proceedings of the National Academy of Sciences USA* 79(1982), 2554-2558.

Irwin, T.H., "Who Discovered the Will?", *Philosophical Perspectives* 6(1992), 453-473.

Jiang, F. et al., "Artificial Intelligence in healthcare: past, present and future", *Stroke and Vascular Neurology* 2(2017), e000101.

Jumper, John et al., "Highly accurate protein structure prediction with AlphaFold", *Nature* 596(2021), 583-589.

Kim, Do-Hyun, Jinha Park and Byungnam Kahng, "Enhanced storage capacity with errors in scale-free Hopfield neural networks: An analytical study", *PLOS ONE* 12(2017), e0184683.

LeCun, Yann, Yoshua Bengio and Geoffrey Hinton, "Deep learning", *Nature* 521(2015), 436-444.

McCulloch, Warren S. and Walter Pitts, "A logical calculus of the ideas immanent in nervous activity", *Bulletin of Mathematical Biophysics* 5(1943), 115-133.

Parisi, Giorgio, "A memory which forgets", *Journal of Physics A: Mathematical and General* 19(1986), L617-L620.

Rumelhart, David E., Geoffrey E. Hinton and Ronald J. Williams, "Learning representations by back-propagating errors", *Nature* 323(1986), 533-536.

Schrittwieser, Julian et al., "Mastering Atari, Go, chess and shogi by planning with a learned model", *Nature* 588(2020), 604-609.

Silver, David et al., "Mastering the game of Go without human knowledge", *Nature* 550(2017), 354-359.

Tandon, Niket, Aparna S. Varde and Gerard de Melo, "Commonsense Knowledge in Machine Intelligence", *ACM SIGMOD Record* 46(Dec. 2017), 49-52.

고인석, "인공지능이 자율성을 가진 존재일 수 있는가?", 『철학』 133(2017년), 163-187쪽.

김건우, "인공지능 법인격 논쟁 다시 보기: 철학적 분석", 『법철학연구』 26(2023년), 205-246쪽.

김도현, "AI 시대의 도래와 교회의 미래: AI의 현실에 관한 분석과 교회에 끼칠 영향 진단", 『신학전망』 216(2022년), 79-118쪽.

방종우, "「AI 윤리에 관한 로마의 호소」에 나타난 윤리적 원칙들에 대한 고찰", 『인격주의 생명윤리』 12(2022년), 29-69쪽.

“AI 기술에 대한 윤리적 성찰: 그리스도교 윤리를 중심으로”, 『가톨릭철학』 44(2025년), 281-321쪽.

신상규, “인공지능은 자율적 도덕행위자일 수 있는가?”, 『철학』 132(2017년), 265-292쪽.

신은화, “AI 시대 인간의 정체성과 소외”, 『동서인문』 15(2021년), 5-42쪽.

이병규, “인공지능(AI) 법률서비스에 대한 변호사법 제109조 제1호 적용 여부에 관한 고찰”, 『법학연구』 18(2018년), 131-158쪽.

이상욱, “인공지능과 실존적 위험: 비판적 검토”, 『인간연구』 40(2020년), 107-136쪽.

“인공지능의 도덕적 행위자로서의 가능성: 쉬운 문제와 어려운 문제”, 『철학연구』 125(2019년), 259-279쪽.

전정현 · 김병필, “인공지능과 법률 서비스”, 『저스티스』 170/1(2019년), 218-258쪽.

최경석, “인공지능이 인간 같은 행위자가 될 수 있나?”, 『생명윤리』 21(2020년), 71-85쪽.

언론 기사와 보고서

1) AI의 상식 문제 관련

“Paul Allen Wants to Teach Machines Common Sense”, *The New York Times*(2021.2.28.): https://www.nytimes.com/2018/02/28/technology/paul-allen-ai-common-sense.html

“Can you teach AI common sense?”, *VentureBeat*(2021.7.27.): https://venturebeat.com/2021/07/27/can-you-teach-ai-common-sense/

2) '테이Tay' 사건 관련

"Tay, the neo-Nazi millennial chatbot, gets autopsied", *Ars Technica*(2016.3.2.): https://arstechnica.com/information-technology/2016/03/tay-the-neo-nazi-millennial-chatbot-gets-autopsied/

"Microsft Takes Chatbot Offlines After It Starts Tweeting Racist Messages", *TIME*(2016.3.24.): https://time.com/4270684/microsoft-tay-chatbot-racism/

"Microsoft Apologizes (Again) for Tay Chatbot's Offensive Tweets", *PCMag*(2016.3.25.): https://www.pcmag.com/news/microsoft-apologizes-again-for-tay-chatbots-offensive-tweets

"Microsoft and the learnings from its failed Tay Artificial Intelligence bot", *ZDNet*(2019.7.24.): https://www.zdnet.com/article/microsoft-and-the-learnings-from-its-failed-tay-artificial-intelligence-bot/

3) '이루다' 이슈 관련

"인공지능 '이루다' 서비스 전격 중단! 입장문 통해 밝혀", 인공지능신문(2021.1.11.): http://www.aitimes.kr/news/articleView.html?idxno=18912

4) 트럼프 대통령의 딥페이크 사진 관련

"Eerie deepfakes claiming to show Trump's arrest spread across Twitter", *New York Post*(2023. 3. 22.): https://nypost.com/2023/03/22/chilling-deepfakes-claiming-to-show-trumps-arrest-spread-across-twitter/

5) 프란치스코 교황의 딥페이크 사진 관련

"Fake photos of Pope Francis in a puffer jacket go viral, highlighting the power and peril of AI", *CBS News*(2023. 3. 28): https://www.cbsnews.com/news/pope-francis-puffer-jacket-fake-photos-deepfake-power-peril-of-ai/

6) 구글이 우리 정부에 1:5000 축적의 정밀 지도를 요청한 일 관련

"한국 골목길에 왜 이리 꽂혔나… 구글이 벌인 '3차 지도전쟁'", 중앙일보(2025.4.2.): https://www.joongang.co.kr/article/25325440

"구글 정밀지도 반출 요구…정부, 8월 결론낸다", 한국경제(2025.5.11.): https://www.hankyung.com/article/2025051152711

7) 휴머노이드 AI 로봇을 전장에 실전 배치하려는 움직임 관련

"US firm unveils plan for 100,000-strong humanoid robot army to counter China", *Interesting Engineering*(2025. 2. 3.): https://interestingengineering.com/innovation/figure-ai-mass-producing-robot

"China's military aims to harness the coming 'ChatGPT for robotics'", *Defence One*(2025. 4. 24): https://www.defenseone.com/technology/2025/04/chinas-military-aims-harness-coming-chatgpt-robotics/404811/

8) 테슬라의 CEO인 일론 머스크(Elon Musk)가 2025년 11월 20일 워싱턴 DC에서 열린 미국 · 사우디 투자 포럼에서 행한 공개 발언 관련

"Elon Musk says that in 10 to 20 years, work will be optional and money will be irrelevant thanks to AI and robotics", *Fortune*(2025, 11. 20): https://fortune.com/2025/11/20/elon-musk-tesla-ai-work-optional-money-irrelevant/

9) 전력 소비량 관련

Vivian Lee, "The Impact of GenAI on Electricity: How GenAI is Fueling the Data Center Boom in the U.S." (보스턴 컨설팅 그룹Boston Consulting Group의 2023년 9월 보고서): https://www.linkedin.com/pulse/impact-genai-electricity-how-fueling-data-center-boom-vivian-lee

Thijs Van de Graaf, "Inside the AI-Led Resource Race", *Finance & Development* Dec. 2025, 34-37.

유튜브

AlphaGo - The Movie: https://www.youtube.com/watch?v=WXuK6gekU1Y

Bill Gates Exclusive Interview on Future of Tech, AI & Global Impact | Bill Gates Latest Interview: https://www.youtube.com/watch?v=Iq1yfTbrWyw&t=4s

Geoffrey Hinton, Nobel Prize in Physics 2024 - Banquet speech: https://www.youtube.com/watch?v=-f5WQAk3dYo

Godfather of AI Geoffrey Hinton Predicts Superintelligence in 5-20 Years! | AI1G: https://www.youtube.com/watch?v=wuH9l2wDnXw

Helix Logistics: https://www.youtube.com/watch?v=f6ChFc8eUuo

로봇 민다르(Mindar): https://www.youtube.com/watch?v=Y3VuHpYPU6Y

로봇 블레스유투(BlessU-2): https://www.youtube.com/watch?v=JTK68l2BHtE

로봇 산토(SanTO): https://www.youtube.com/watch?v=Y3VuHpYPU6Y

로봇 페퍼(Pepper): https://www.youtube.com/watch?v=rkjOFnTJfZ4

AI 관련 웹사이트

AAAI(Association for the Advancement of Artificial Intelligence): https://aaai.org/

AlphaFold: https://alphafold.ebi.ac.uk/

ChatGPT: https://chatgpt.com/

Claude: https://claude.ai/

Copilot: https://copilot.microsoft.com/

Gemini: https://gemini.google.com/

Grok: https://grok.com/

Midjourney: https://www.midjourney.com/

Perplexity: https://www.perplexity.ai/